Sabor Mediterráneo

Un Viaje Culinario a las Delicias del Mediterráneo

María Sánchez

Indice

Paella de verduras 8

Cazuela de berenjenas y arroz 10

mucho cuscús con verduras 12

Kushari 15

Bulgur con tomates y garbanzos 18

maccheroni de caballa 20

Maccheroni con tomates cherry y anchoas 22

Risotto de limón y gambas 24

espaguetis con almejas 26

sopa de pescado griega 28

Venerado arroz con camarones 30

Pennette con salmón y vodka 32

Carbonara de mariscos 34

Garganelli con pesto de calabacín y gambas 37

risotto de salmón 40

Pasta con tomate cherry y anchoas 42

Orecchiette con brócoli y salchicha 44

Risotto de achicoria y tocino ahumado 46

Pasta de bizcocho 48

Pasta de coliflor de Nápoles 51

Pasta e Fagioli con naranja e hinojo 53

espaguetis de limón 55

Cuscús con Verduras Sazonadas 57

Arroz al horno sazonado con hinojo 59

Cuscús marroquí con garbanzos 61
Paella vegetariana con judías verdes y garbanzos............................... 63
Camarones al ajillo con tomate y albahaca 65
paella de camarones 67
Ensalada de lentejas con aceitunas, menta y queso feta 69
Garbanzos con ajo y perejil 71
Guiso de garbanzos con berenjenas y tomates 73
Arroz Griego Al Limón 75
Arroz con ajo y hierbas... 77
Ensalada de arroz mediterránea 79
Ensalada de frijoles frescos y atún.. 81
Deliciosos fideos con pollo.. 83
Tazón de arroz con sabores de tacos 85
Sabrosos macarrones con queso 87
Arroz con pepino y aceitunas... 89
Sabores de risotto con hierbas 91
deliciosa pasta de primavera 93
Pasta con pimientos asados 95
Queso Con Albahaca Y Arroz Con Tomate 97
macarrones con queso.. 99
pasta de atún 101
Mezcla de panini de aguacate y pavo 103
Wrap de pepino, pollo y mango.. 105
Fattoush – Pan del Medio Oriente.. 107
Focaccia de tomate y ajo sin gluten 109
Hamburguesas de champiñones a la parrilla....................................... 111
Baba Ghanoush mediterráneo.. 113

Bollos multicereales y sin gluten 115

Linguini de mariscos 117

Condimento de tomate y camarones al jengibre 119

Camarones y Pasta 122

bacalao escalfado 124

Mejillones al vino blanco 126

salmón al eneldo 128

salmón plano 130

melodía de atún 131

queso de mar 132

filetes saludables 133

salmón con hierbas 134

Atún ahumado glaseado 135

Fletán crujiente 136

Atún En Forma 137

Filetes de pescado fresco y caliente 137

Mejillones O'Marine 139

Asado de ternera mediterráneo en olla de cocción lenta 140

Carne mediterránea de cocción lenta con alcachofas 142

Olla de cocción lenta magra Olla de cocción lenta estilo mediterráneo. 144

Pastel de carne en olla de cocción lenta 146

Trozos de carne mediterránea en olla de cocción lenta 148

Cerdo asado mediterráneo 151

pizza de carne 153

Albóndigas de ternera y bulgur 156

Sabrosa carne y brócoli 158

chile de elote con carne 159

plato de carne balsámico 160
Salsa de soja de rosbif.. 162
Asado De Carne De Alecrim 164
Chuletas de cerdo y salsa de tomate 166
Pollo con salsa de alcaparras 167
Hamburguesas De Pavo Con Salsa De Mango 169
Pechuga De Pavo Asada Con Hierbas... 171
Salchicha De Pollo Y Pimientos 173
Pollo picado.. 175
pollo toscano.. 177
pollo kapama... 179
Pechuga de pollo rellena de espinacas y queso feta 181
Muslos de pollo asados con romero 183
Pollo con cebolla, patatas, higos y zanahorias...................................... 184
Giros de pollo con tzatziki 186
Musaca... 188
Lomo de cerdo con hierbas y dijon 191
Filete al Vino Tinto - Salsa de Champiñones 193
Albóndigas Griegas.. 196
cordero con frijoles 198
Pollo con salsa de tomate balsámico 200
Arroz integral, queso feta, guisantes frescos y ensalada de menta 202
Pan integral relleno de aceitunas y garbanzos 204
Zanahorias Asadas con Nueces y Frijoles Cannellini............................ 206
Pollo sazonado con mantequilla 208
Pollo Con Doble Queso Y Tocino 210
Camarones Al Limón Y Pimienta 212

Fletán empanizado y sazonado 214

Salmón al curry con mostaza 216

Salmón en costra de nueces y romero 218

Espaguetis Rápidos Con Tomates 220

Queso al horno con orégano y pimienta 222

311. Pollo italiano crujiente 222

paella de verduras

Tiempo de preparación: 25 minutos

hora de cocinar: 45 minutos

Porciones: 6

Nivel de dificultad: medio

Ingredientes:

- ¼ taza de aceite de oliva
- 1 cebolla dulce grande
- 1 pimiento rojo grande
- 1 pimiento verde grande
- 3 dientes de ajo, finamente picados
- 1 cucharadita de pimentón ahumado
- 5 hebras de azafrán
- 1 calabacín cortado en cubos de ½ pulgada
- 4 tomates maduros grandes, pelados, sin semillas y cortados en cubitos
- 1 ½ tazas de arroz español de grano corto
- 3 tazas de caldo de verduras, calentado

Instrucciones:

Precalienta el horno a 350 ° F. Cocine el aceite de oliva a fuego medio. Agrega la cebolla y los pimientos rojos y verdes y cocina por 10 minutos.

Añade el ajo, el pimentón, las hebras de azafrán, el calabacín y los tomates. Reduzca el fuego a medio-bajo y cocine por 10 minutos.

Agrega el arroz y el caldo de verduras. Aumenta el fuego para que la paella hierva. Coloca a fuego medio-bajo y cocina por 15 minutos. Envuelva la bandeja para hornear con papel de aluminio y colóquela en el horno.

Hornee por 10 minutos o hasta que se absorba el caldo.

Nutrición (por 100 g): 288 calorías 10 g de grasa 46 g de carbohidratos 3 g de proteína 671 mg de sodio

Cazuela de berenjenas y arroz

Tiempo de preparación: 30 minutos

hora de cocinar: 35 minutos

Porciones: 4

Nivel de dificultad: difícil

Ingredientes:

- <u>para la salsa</u>
- ½ taza de aceite de oliva
- 1 cebolla pequeña picada
- 4 dientes de ajo machacados
- 6 tomates maduros, pelados y picados
- 2 cucharadas de pasta de tomate
- 1 cucharadita de orégano seco
- ¼ cucharadita de nuez moscada molida
- ¼ cucharadita de comino molido
- <u>para la cazuela</u>
- 4 (6 pulgadas) berenjenas japonesas, cortadas por la mitad a lo largo
- 2 cucharadas de aceite de oliva
- 1 taza de arroz cocido
- 2 cucharadas de piñones tostados
- 1 taza de agua

Instrucciones:

hacer la salsa

Cocine el aceite en una cacerola de base pesada a fuego medio. Agrega la cebolla y cocina por 5 minutos. Agrega el ajo, los tomates, la pasta de tomate, el orégano, la nuez moscada y el comino. Llevar a ebullición, luego reducir el fuego y cocinar por 10 minutos. Retirar y reservar.

Para hacer la cazuela

Precalienta la parrilla. Mientras la salsa hierve, rocía las berenjenas con aceite de oliva y colócalas en una fuente para horno. Ase durante unos 5 minutos hasta que se doren. Retirar y dejar enfriar. Encienda el horno a 375 ° F. Coloque la berenjena enfriada, con el lado cortado hacia arriba, en una fuente para hornear de 9x15 pulgadas. Retire con cuidado un poco de carne para dejar espacio para el relleno.

En un bol mezcla la mitad de la salsa de tomate, el arroz cocido y los piñones. Rellena cada mitad de berenjena con la mezcla de arroz. En el mismo bol, mezcla el resto de la salsa de tomate y el agua. Vierta sobre la berenjena. Cocine tapado durante 20 minutos hasta que las berenjenas estén tiernas.

Nutrición (por 100 g): 453 calorías 39 g de grasa 29 g de carbohidratos 7 g de proteína 820 mg de sodio

mucho cuscús con verduras

Tiempo de preparación: 15 minutos

hora de cocinar: 45 minutos

Porciones: 8

Nivel de dificultad: difícil

Ingredientes:

- ¼ taza de aceite de oliva
- 1 cebolla picada
- 4 dientes de ajo, picados
- 2 chiles jalapeños, perforados con un tenedor en varios lugares
- ½ cucharadita de comino molido
- ½ cucharadita de cilantro molido
- 1 lata (28 onzas) de tomates triturados
- 2 cucharadas de pasta de tomate
- 1/8 cucharadita de sal
- 2 hojas de laurel
- 11 tazas de agua, divididas
- 4 zanahorias
- 2 calabacines, cortados en trozos de 2 pulgadas
- 1 calabaza bellota, partida por la mitad, sin semillas y cortada en rodajas de 1 pulgada de grosor

- 1 lata (15 onzas) de garbanzos, escurridos y enjuagados
- ¼ de taza de limones en conserva picados (opcional)
- 3 tazas de cuscús

Instrucciones:

Cuece el aceite en una cacerola de fondo grueso. Agrega la cebolla y cocina 4 minutos. Agrega el ajo, los jalapeños, el comino y el cilantro. Cocine por 1 minuto. Agrega los tomates, la pasta de tomate, la sal, las hojas de laurel y 8 tazas de agua. Lleva la mezcla a ebullición.

Agregue las zanahorias, el calabacín y la calabaza y vuelva a hervir. Reduzca un poco el fuego, tape y cocine durante unos 20 minutos hasta que las verduras estén tiernas pero no blandas. Tome 2 tazas del líquido de cocción y reserve. Sazone según sea necesario.

Agregue los garbanzos y los limones en conserva (si los usa). Cocine por unos minutos y apague el fuego.

En una cacerola mediana, hierva las 3 tazas de agua restantes a fuego alto. Agrega el cuscús, tapa y apaga el fuego. Deja reposar el cuscús durante 10 minutos. Rocíe con 1 taza del líquido de cocción reservado. Con un tenedor, esponja el cuscús.

Colóquelo en un plato grande. Rocíe con el líquido de cocción restante. Retira las verduras de la sartén y colócalas encima. Sirva el guiso restante en un recipiente aparte.

Nutrición (por 100 g): 415 calorías 7 g de grasa 75 g de carbohidratos 9 g de proteína 718 mg de sodio

Kushari

Tiempo de preparación: 25 minutos

hora de cocinar: 1 hora y 20 minutos

Porciones: 8

Nivel de dificultad: difícil

Ingredientes:

- para la salsa
- 2 cucharadas de aceite de oliva
- 2 dientes de ajo, picados
- 1 lata (16 onzas) de salsa de tomate
- ¼ taza de vinagre blanco
- ¼ de taza de harissa o comprada en la tienda
- 1/8 cucharadita de sal
- para el arroz
- 1 taza de aceite de oliva
- 2 cebollas picadas
- 2 tazas de lentejas marrones secas
- 4 cuartos más ½ taza de agua, divididos
- 2 tazas de arroz de grano corto
- 1 cucharadita de sal
- Pasta corta de media libra
- 1 lata (15 onzas) de garbanzos, escurridos y enjuagados

Instrucciones:

hacer la salsa

En una sartén cocinar el aceite. Dorar el ajo. Agregue la salsa de tomate, el vinagre, la harissa y la sal. Lleva la salsa a ebullición. Reduzca el fuego y cocine por 20 minutos o hasta que la salsa espese. Retirar y reservar.

para hacer el arroz

Preparar el plato con papel absorbente y reservar. En una sartén grande a fuego medio, calienta el aceite. Saltee la cebolla, revolviendo constantemente, hasta que esté crujiente y dorada. Transfiera las cebollas al plato preparado y reserve. Reserva 2 cucharadas de aceite de cocina. Reserva la sartén.

A fuego alto, combine las lentejas y 4 tazas de agua en una cacerola. Llevar a ebullición y cocinar durante 20 minutos. Colar y mezclar con las 2 cucharadas de aceite de cocina reservadas. Hazlo a un lado. Reserva la sartén.

Coloca la sartén que usaste para freír las cebollas a fuego medio-alto y agrega el arroz, 4½ tazas de agua y sal. Llevar a ebullición. Reduzca el fuego a bajo y cocine por 20 minutos. Apagar y dejar reposar durante 10 minutos. Hierva las 8 tazas restantes de agua con sal a fuego alto en la misma cacerola que usó para cocinar las lentejas. Agregue la pasta y cocine por 6 minutos o según las instrucciones del paquete. Corre y reserva.

Conducir

Coloca el arroz en un plato. Cubra con lentejas, garbanzos y pasta. Rocíe con salsa de tomate picante y espolvoree con cebollas fritas crujientes.

Nutrición (por 100 g): 668 calorías 13 g de grasa 113 g de carbohidratos 18 g de proteína 481 mg de sodio

Bulgur con tomates y garbanzos

Tiempo de preparación: 10 minutos

hora de cocinar: 35 minutos

Porciones: 6

Nivel de dificultad: medio

Ingredientes:

- ½ taza de aceite de oliva
- 1 cebolla picada
- 6 tomates cortados en cubitos o 1 lata (16 oz) de tomates cortados en cubitos
- 2 cucharadas de pasta de tomate
- 2 tazas de agua
- 1 cucharada de harissa o comprada en la tienda
- 1/8 cucharadita de sal
- 2 tazas de bulgur espeso
- 1 lata (15 onzas) de garbanzos, escurridos y enjuagados

Instrucciones:

En una sartén de fondo grueso a fuego medio, calienta el aceite. Dorar la cebolla, agregar los tomates con su jugo y cocinar por 5 minutos.

Agregue la pasta de tomate, el agua, la harissa y la sal. Llevar a ebullición.

Añade el bulgur y los garbanzos. Vuelva a hervir la mezcla. Reducir el fuego y cocinar por 15 minutos. Dejar reposar 15 minutos antes de servir.

Nutrición (por 100 g): 413 calorías 19 g de grasa 55 g de carbohidratos 14 g de proteína 728 mg de sodio

maccheroni de caballa

Tiempo de preparación: 10 minutos

hora de cocinar: 15 minutos

Porciones: 4

Nivel de dificultad: fácil

Ingredientes:

- 12 onzas de pasta
- 1 diente de ajo
- 14 onzas de salsa de tomate
- 1 ramita de perejil picado
- 2 pimientos frescos
- 1 cucharadita de sal
- 7 onzas de caballa en aceite
- 3 cucharadas de aceite de oliva virgen extra

Instrucciones:

Comience poniendo a hervir agua en una cacerola. Mientras se calienta el agua, coger una sartén, añadir el aceite y el ajo y poner a fuego lento. Una vez que el ajo esté cocido, retíralo de la sartén.

Cortar el pimiento, quitarle las semillas internas y cortarlo en tiras finas.

Agrega el agua de cocción y el chile a la misma sartén que antes. Luego retiramos la caballa y, tras escurrir el aceite y separarla con un tenedor, la colocamos en la sartén con el resto de ingredientes. Dorar ligeramente añadiendo un poco de agua de cocción.

Cuando todos los ingredientes estén bien incorporados añadimos el puré de tomate al cazo. Mezclar bien para homogeneizar todos los ingredientes y cocinar a fuego lento durante unos 3 minutos.

Pasemos a la masa:

Una vez que el agua empiece a hervir, agrega la sal y la pasta. Escurre los macarrones en cuanto estén ligeramente al dente y añádelos a la salsa que has preparado.

Saltear unos instantes en la salsa y después de probar, añadir sal y pimienta al gusto.

Nutrición (por 100 g): 510 Calorías 15,4 g Grasa 70 g Carbohidratos 22,9 g Proteína 730 mg Sodio

Maccheroni con tomates cherry y anchoas

Tiempo de preparación: 10 minutos

hora de cocinar: 15 minutos

Porciones: 4

Nivel de dificultad: fácil

Ingredientes:

- 14 onzas de pasta
- 6 anchoas saladas
- 4 onzas de tomates cherry
- 1 diente de ajo
- 3 cucharadas de aceite de oliva virgen extra
- pimientos frescos al gusto
- 3 hojas de albahaca
- sal al gusto

Instrucciones:

Comienza calentando agua en un cazo y añadiendo sal cuando hierva. Mientras tanto, prepara la salsa: coge los tomates lavados y córtalos en 4 trozos.

Ahora coge una sartén antiadherente, rocía un poco de aceite y echa un diente de ajo. Una vez cocido, retíralo de la sartén. Agrega las anchoas limpias a la sartén, derritiéndolas en el aceite.

Cuando las anchoas estén bien disueltas añadimos los trozos de tomate picado y colocamos a fuego alto hasta que empiecen a ablandarse (ojo con que no se ablanden demasiado).

Agrega el pimiento sin semillas, cortado en trozos pequeños y sazona.

Pasar la pasta a la olla con agua hirviendo, escurrir hasta que esté al dente y dejar cocer unos minutos en la olla.

Nutrición (por 100 g): 476 Calorías 11 g Grasa 81,4 g Carbohidratos 12,9 g Proteína 763 mg Sodio

Risotto de limón y gambas

Tiempo de preparación: 10 minutos

hora de cocinar: 30 minutos

Porciones: 4

Nivel de dificultad: fácil

Ingredientes:

- 1 limon
- 14 onzas de camarones sin pelar
- 1 ¾ tazas de arroz para risotto
- 1 cebolla blanca
- 33 pp oz (1 litro) de caldo de verduras (incluso menos es bueno)
- 2 ½ cucharadas de mantequilla
- ½ vaso de vino blanco
- sal al gusto
- pimienta negra al gusto
- cebollino al gusto

Instrucciones:

Comience hirviendo los camarones en agua con sal durante 3-4 minutos, escúrralos y reserve.

Pelar y picar finamente una cebolla, dorarla en mantequilla derretida y, en cuanto la mantequilla se seque, asar el arroz en una sartén durante unos minutos.

Desglasar el arroz con medio vaso de vino blanco y añadir el zumo de 1 limón. Remueve y termina de cocinar el arroz, continuando agregando una cucharada de caldo de verduras según sea necesario.

Mezclar bien y unos minutos antes de finalizar la cocción añadir los camarones previamente cocidos (reservar algunos para decorar) y un poco de pimienta negra.

Una vez que se haya apagado el fuego, añadir una nuez de mantequilla y remover. El risotto está listo para servir. Adorne con los camarones restantes y espolvoree con algunas cebolletas.

Nutrición (por 100 g): 510 Calorías 10 g Grasa 82,4 g Carbohidratos 20,6 g Proteína 875 mg Sodio

espaguetis con almejas

Tiempo de preparación: 10 minutos

hora de cocinar: 40 minutos

Porciones: 4

Nivel de dificultad: fácil

Ingredientes:

- 11,5 onzas de espaguetis
- 2 libras de almejas
- 7 onzas de salsa de tomate o puré de tomate para la versión roja de este plato
- 2 dientes de ajo
- 4 cucharadas de aceite de oliva virgen extra
- 1 vaso de vino blanco seco
- 1 cucharada de perejil picado
- 1 pimiento

Instrucciones:

Empiece por lavar las almejas: nunca "purgue" las almejas; sólo debe abrirlas con calor, de lo contrario su precioso líquido interno se perderá con la arena. Lavar rápidamente las almejas utilizando un colador colocado en una ensaladera: esto filtrará la arena de las conchas.

A continuación, coloca inmediatamente las almejas escurridas en una cacerola tapada a fuego alto. Dales la vuelta de vez en cuando y, cuando estén casi todas abiertas, retíralas del fuego. Las almejas que permanecen cerradas están muertas y hay que eliminarlas. Retiramos los mariscos de los abiertos dejando algunos enteros para decorar los platos. Enrolle el líquido restante del fondo de la sartén y reserve.

Coge una sartén grande y ponle un poco de aceite. Calentar un pimiento entero y uno o dos dientes de ajo machacados a fuego muy lento hasta que los dientes se pongan amarillos. Agrega las almejas y sazona con vino blanco seco.

Añade ahora el líquido de las almejas previamente escurrido y el perejil picado.

Escurrir e inmediatamente colocar los espaguetis al dente en la sartén, después de haberlos cocido en abundante agua con sal. Mezclar bien hasta que los espaguetis hayan absorbido todo el líquido de las almejas. Si no usaste pimienta, agrega una pizca ligera de pimienta blanca o negra.

Nutrición (por 100 g): 167 Calorías 8 g Grasa 8,63 g Carbohidratos 5 g Proteína 720 mg Sodio

sopa de pescado griega

Tiempo de preparación: 10 minutos

hora de cocinar: 60 minutos

Porciones: 4

Nivel de dificultad: fácil

Ingredientes:

- Merluza u otro pescado blanco
- 4 patatas
- 4 cebolletas
- 2 zanahorias
- 2 tallos de apio
- 2 tomates
- 4 cucharadas de aceite de oliva virgen extra
- 2 huevos
- 1 limon
- 1 taza de arroz
- sal al gusto

Instrucciones:

Elija un pescado que no pese más de 2,2 kilogramos, quítele las escamas, branquias e intestinos y lávelo bien. Sal y reserva.

Lavar las patatas, las zanahorias y las cebollas y ponerlas enteras en la cacerola con suficiente agua para remojar y luego llevar a ebullición.

Añade el apio todavía unido en manojos para que no se desparrame durante la cocción, corta los tomates en cuatro partes y añádelos también, junto con el aceite y la sal.

Cuando las verduras estén casi cocidas añadimos más agua y el pescado. Hervir durante 20 minutos y retirar del caldo con las verduras.

Coloca el pescado en una fuente, decóralo con verduras y cuela el caldo. Regresar el caldo al fuego diluyéndolo con un poco de agua. Después de hervir, añade el arroz y sazona con sal. Una vez que el arroz esté cocido, retira la sartén del fuego.

Prepara la salsa avgolemono:

Batir bien los huevos y añadir poco a poco el zumo de limón. Poner un poco de caldo en un cazo y verter poco a poco en los huevos, revolviendo constantemente.

Finalmente, agrega la salsa resultante a la sopa y mezcla bien.

Nutrición (por 100 g): 263 Calorías 17,1 g Grasa 18,6 g Carbohidratos 9 g Proteína 823 mg Sodio

Venerado arroz con camarones

Tiempo de preparación: 10 minutos

hora de cocinar: 55 minutos

Porciones: 3

Nivel de dificultad: fácil

Ingredientes:

- 1 ½ tazas de arroz Venere negro (mejor sancochado)
- 5 cucharaditas de aceite de oliva virgen extra
- 10,5 onzas de camarones
- 10,5 onzas de calabacín
- 1 limón (jugo y ralladura)
- sal de mesa al gusto
- pimienta negra al gusto
- 1 diente de ajo
- tabasco al gusto

Instrucciones:

Empecemos por el arroz:

Después de llenar una cacerola con abundante agua y llevarla a ebullición, agrega el arroz, agrega la sal y cocina el tiempo necesario (ver instrucciones de preparación en el paquete).

Mientras tanto, rallamos los calabacines con el rallador grueso. En una sartén calentar el aceite con el diente de ajo pelado, agregar el calabacín rallado, sal y pimienta y cocinar por 5 minutos, retirar el diente de ajo y reservar las verduras.

Ahora limpia los camarones:

Quitar la piel, cortar la cola, dividirla por la mitad a lo largo y quitar el intestino (el hilo negro del dorso). Coloque los camarones limpios en un bol y sazone con aceite de oliva; Dale un extra de sabor añadiendo ralladura de limón, sal y pimienta, y añadiendo unas gotas de Tabasco si lo deseas.

Vuelva a calentar los camarones en una sartén caliente durante unos minutos. Una vez cocido, reservar.

Una vez que el arroz Venere esté listo, cuélelo en un bol, agregue la mezcla de calabacín y revuelva.

Nutrición (por 100 g): 293 calorías 5 g de grasa 52 g de carbohidratos 10 g de proteína 655 mg de sodio

Pennette con salmón y vodka

Tiempo de preparación: 10 minutos

hora de cocinar: 18 minutos

Porciones: 4

Nivel de dificultad: fácil

Ingredientes:

- Pennette Rigate 14oz
- 7 onzas de salmón ahumado
- 1,2 onzas de chalotes
- 1,35 onzas onzas (40 ml) de vodka
- 5 onzas de tomates cherry
- 7 onzas de crema líquida fresca (recomiendo crema de verduras para un plato más ligero)
- cebollino al gusto
- 3 cucharadas de aceite de oliva virgen extra
- sal al gusto
- pimienta negra al gusto
- Albahaca al gusto (para decorar)

Instrucciones:

Lavar y cortar los tomates y el cebollino. Después de pelar la cebolla, la picamos con un cuchillo, la colocamos en una cacerola y la dejamos macerar unos instantes en aceite de oliva virgen extra.

Mientras tanto, corta el salmón en tiras y dóralo con el aceite de oliva y la chalota.

Mezclar todo con el vodka, con cuidado porque puede haber llama (si sube una llama, no te preocupes, se apagará una vez que el alcohol se haya evaporado por completo). Añade los tomates triturados y una pizca de sal y, si lo deseas, un poco de pimienta. Por último añadir la nata y el cebollino picado.

Mientras la salsa continúa cocinándose, prepara la pasta. Una vez que el agua esté hirviendo, vierte el Pennette y cocina hasta que esté al dente.

Escurre la pasta y vierte el pennette en la salsa, dejando que se cocine unos instantes para que absorba todo el sabor. Si lo deseas, decora con una hoja de albahaca.

Nutrición (por 100 g): 620 Calorías 21,9 g Grasa 81,7 g Carbohidratos 24 g Proteína 326 mg Sodio

Carbonara de mariscos

Tiempo de preparación: 15 minutos

hora de cocinar: 50 minutos

Porciones: 3

Nivel de dificultad: fácil

Ingredientes:

- 11,5 onzas de espaguetis
- 3,5 onzas de atún
- 3,5 onzas de pez espada
- 3,5 onzas de salmón
- 6 gemas
- 4 cucharadas de parmesano (Parmigiano Reggiano)
- 2 páginas de onzas (60 ml) de vino blanco
- 1 diente de ajo
- Aceite de oliva virgen extra al gusto
- sal de mesa al gusto
- pimienta negra al gusto

Instrucciones:

Preparar agua hirviendo en un cazo y añadir un poco de sal.

Mientras tanto, coloca 6 yemas de huevo en un bol y añade el parmesano rallado, la pimienta y la sal. Batir con unas varillas y diluir con un poco de agua del cazo.

Quitar las espinas al salmón, las escamas al pez espada y cortar el atún, el salmón y el pez espada en dados.

Una vez que hierva, agrega la pasta y cocina un poco hasta que esté al dente.

Mientras tanto, calentar un poco de aceite en una sartén grande, añadir el diente de ajo entero pelado. Cuando el aceite esté caliente, añade los dados de pescado y saltea a fuego alto durante 1 minuto aproximadamente. Retirar los ajos y añadir el vino blanco.

Una vez que se haya evaporado el alcohol, retiramos los dados de pescado y bajamos el fuego. Una vez que los espaguetis estén listos, agrégalos a la sartén y cocina durante aproximadamente un minuto, revolviendo constantemente y agregando el agua de cocción si es necesario.

Agrega la mezcla de yemas y los cubitos de pescado. Mezclar bien. Atender.

Nutrición (por 100 g): 375 calorías 17 g de grasa 41,40 g de carbohidratos 14 g de proteína 755 mg de sodio

Garganelli con pesto de calabacín y gambas

Tiempo de preparación: 10 minutos

hora de cocinar: 30 minutos

Porciones: 4

Nivel de dificultad: medio

Ingredientes:

- 14 oz de huevo Garganelli
- Para el pesto de calabacín:
- 7 onzas de calabacín
- 1 taza de piñones
- 8 cucharadas (0,35 oz) de albahaca
- 1 cucharadita de sal de mesa
- 9 cucharadas de aceite de oliva virgen extra
- 2 cucharadas de parmesano rallado
- 1 onza de queso pecorino para rallar
- Para los camarones salteados:
- 8,8 onzas de camarones
- 1 diente de ajo
- 7 cucharaditas de aceite de oliva virgen extra
- pizca de sal

Instrucciones:

Empezamos preparando el pesto:

Después de lavar los calabacines, rallarlos, ponerlos en un colador (para que pierdan el exceso de líquido) y un poco de sal. Coloca los piñones, el calabacín y las hojas de albahaca en una licuadora. Agrega el parmesano rallado, el pecorino y el aceite de oliva virgen extra.

Batir todo hasta que esté cremoso, añadir una pizca de sal y reservar.

Cambie a camarones:

Primero retiramos el intestino cortando con un cuchillo el lomo de las gambas en toda su longitud y, con la punta del cuchillo, retiramos el hilo negro del interior.

Cocine el diente de ajo en una sartén antiadherente con aceite de oliva virgen extra. Cuando esté dorado retiramos los ajos y añadimos los camarones. Fríelos durante unos 5 minutos a fuego medio, hasta que veas una costra crujiente por fuera.

Luego hervir una cacerola con agua con sal y cocinar los Garganelli. Reserva unas cucharadas del agua de cocción y escurre la pasta hasta que esté al dente.

Coloca los Garganelli en la sartén donde cocinaste los camarones. Cocine por un minuto, agregue una cucharada de agua de cocción y finalmente agregue el pesto de calabacín.

Mezclar todo bien para combinar la pasta con la salsa.

Nutrición (por 100 g): 776 calorías 46 g de grasa 68 g de carbohidratos 22,5 g de proteína 835 mg de sodio

risotto de salmón

Tiempo de preparación: 10 minutos

hora de cocinar: 30 minutos

Porciones: 4

Nivel de dificultad: medio

Ingredientes:

- 1 ¾ tazas (12,3 onzas) de arroz
- 8,8 onzas de filetes de salmón
- 1 puerro
- Aceite de oliva virgen extra al gusto
- 1 diente de ajo
- ½ vaso de vino blanco
- 3 ½ cucharadas de Grana Padano rallado
- sal al gusto
- pimienta negra al gusto
- 17 páginas 500 ml de caldo de pescado
- 1 taza de mantequilla

Instrucciones:

Empieza limpiando el salmón y cortándolo en trozos pequeños. Cuece en una sartén 1 cucharada de aceite con un diente de ajo entero y dora el salmón durante 2/3 minutos, añade sal y reserva el salmón quitando el ajo.

Ahora empieza a preparar el risotto:

Cortar el puerro en trozos muy pequeños y hervirlo en una sartén a fuego lento con dos cucharadas de aceite de oliva. Agrega el arroz y cocina por unos segundos a fuego medio-alto, revolviendo con una cuchara de madera.

Añadimos el vino blanco y seguimos cocinando, removiendo de vez en cuando, intentando que el arroz no se pegue a la sartén, y poco a poco vamos añadiendo el caldo (verduras o pescado).

A mitad de cocción añadimos el salmón, la mantequilla y una pizca de sal si es necesario. Cuando el arroz esté cocido, retira del fuego. Mezclar con unas cucharadas de Grana Padano rallado y servir.

Nutrición (por 100 g): 521 calorías 13 g de grasa 82 g de carbohidratos 19 g de proteína 839 mg de sodio

Pasta con tomate cherry y anchoas

Tiempo de preparación: 15 minutos

hora de cocinar: 35 minutos

Porciones: 4

Nivel de dificultad: fácil

Ingredientes:

- 10,5 onzas de espaguetis
- 1,3 libras de tomates cherry
- 9 oz de anchoas (prelimpias)
- 2 cucharadas de alcaparras
- 1 diente de ajo
- 1 cebolla morada pequeña
- perejil al gusto
- Aceite de oliva virgen extra al gusto
- sal de mesa al gusto
- pimienta negra al gusto
- Aceitunas negras al gusto

Instrucciones:

Cortar el diente de ajo en rodajas finas.

Cortar los tomates cherry en 2. Pelar la cebolla y cortarla en rodajas finas.

En una cacerola ponemos un poco de aceite de oliva con el ajo y la cebolla picados. Calienta todo a fuego medio durante 5 minutos; revuelva ocasionalmente.

Una vez que esté todo bien sazonado añadimos los tomates cherry y una pizca de sal y pimienta. Cocine por 15 minutos. Mientras tanto, ponemos una cacerola con agua al fuego y, en cuanto hierva, añadimos la sal y la pasta.

Cuando la salsa esté casi lista añade las anchoas y cocina unos minutos. Revuelva suavemente.

Apagar el fuego, picar el perejil y ponerlo en la sartén.

Una vez cocida, escurrimos la pasta y la añadimos directamente a la salsa. Vuelva a encender el calentador durante unos segundos.

Nutrición (por 100 g): 446 calorías 10 g de grasa 66,1 g de carbohidratos 22,8 g de proteína 934 mg de sodio

Orecchiette con brócoli y salchicha

Tiempo de preparación: 10 minutos
hora de cocinar: 32 minutos
Porciones: 4
Nivel de dificultad: medio

Ingredientes:

- 11,5 onzas de orecchiette
- 10,5 brócoli
- 10,5 onzas de salchicha
- 1,35 onzas onzas (40 ml) de vino blanco
- 1 diente de ajo
- 2 ramitas de tomillo
- 7 cucharaditas de aceite de oliva virgen extra
- pimienta negra al gusto
- sal de mesa al gusto

Instrucciones:

Hervir la cacerola con abundante agua y sal. Retira el brócoli del tallo y córtalo por la mitad o en cuartos si es muy grande; luego ponerlos en agua hirviendo, tapar la cacerola y cocinar durante 6-7 minutos.

Mientras tanto, pique finamente el tomillo y reserve. Retire la tripa de la salchicha y, con un tenedor, amase suavemente.

Dorar el diente de ajo con un poco de aceite y añadir la salchicha. Pasados unos segundos añadimos el tomillo y un chorrito de vino blanco.

Sin desechar el agua de la cocción, retira el brócoli cocido con una espumadera y agrégalo a la carne poco a poco. Cocine todo durante 3-4 minutos. Retire el ajo y agregue una pizca de pimienta negra.

Lleva a ebullición el agua donde cocinaste el brócoli, luego agrega la pasta y deja cocinar. Una vez que la pasta esté cocida, escúrrela con una espumadera y transfiérala directamente a la salsa de salchicha de brócoli. Luego mezclar bien, añadir pimienta negra y sofreír todo en la sartén unos minutos.

Nutrición (por 100 g): 683 calorías 36 g de grasa 69,6 g de carbohidratos 20 g de proteína 733 mg de sodio

Risotto de achicoria y tocino ahumado

Tiempo de preparación: 10 minutos

hora de cocinar: 30 minutos

Porciones: 3

Nivel de dificultad: medio

Ingredientes:

- 1 ½ tazas de arroz
- 14 onzas de achicoria
- 5,3 onzas de tocino ahumado
- 34 páginas oz (1 litro) de caldo de verduras
- 3,4 onzas onzas (100 ml) de vino tinto
- 7 cucharaditas de aceite de oliva virgen extra
- 1,7 onzas de chalotes
- sal de mesa al gusto
- pimienta negra al gusto
- 3 ramitas de tomillo

Instrucciones:

Empecemos preparando el caldo de verduras.

Empezamos por la achicoria: la cortamos por la mitad y le quitamos la parte central (la parte blanca). Cortar en tiras, enjuagar bien y reservar. Corta también el tocino ahumado en tiras pequeñas.

Picar finamente la chalota y ponerla en una sartén con un poco de aceite. Llevar a ebullición a fuego medio añadiendo un cazo de caldo, luego añadir el tocino y dejar dorar.

Después de unos 2 minutos, agrega el arroz y las tostadas, revolviendo constantemente. En este punto, vierte el vino tinto a fuego alto.

Una vez que se haya evaporado todo el alcohol, continuamos cocinando, añadiendo caldo a cucharón a la vez. Deja secar el anterior antes de añadir otro, hasta que esté completamente cocido. Agrega sal y pimienta negra (dependiendo de cuánto decidas agregar).

Al final de la cocción, agregue las tiras de achicoria. Mezclar bien hasta combinar con el arroz, pero no cocinarlos. Agrega el tomillo picado.

Nutrición (por 100 g): 482 Calorías 17,5 g Grasa 68,1 g Carbohidratos 13 g Proteína 725 mg Sodio

Pasta de bizcocho

Tiempo de preparación: 10 minutos
hora de cocinar: 25 minutos
Porciones: 3
Nivel de dificultad: medio

Ingredientes:

- 11,5 onzas de Ziti
- 1 kilo de carne
- 2,2 libras de cebolla dorada
- 2 onzas de apio
- 2 onzas de zanahorias
- 1 manojo de perejil
- 3,4 onzas 100 ml de vino blanco
- Aceite de oliva virgen extra al gusto
- sal de mesa al gusto
- pimienta negra al gusto
- parmesano al gusto

Instrucciones:

Para preparar la masa empezamos con:

Pelar y picar finamente las cebollas y las zanahorias. A continuación, lava y pica finamente el apio (no tires las hojas, que también hay que picarlas y reservarlas). Luego pasa a la carne, limpia el exceso de grasa y córtala en 5/6 trozos grandes.

Finalmente, ate las hojas de apio y la ramita de perejil con hilo de cocina para crear un ramo fragante.

Llena una sartén grande con abundante aceite. Agrega la cebolla, el apio y la zanahoria (que reservaste antes) y cocina por unos minutos.

Luego añade los trozos de carne, una pizca de sal y el fragante bouquet. Revuelva y cocine por unos minutos. Luego baja el fuego y tapa con una tapa.

Cocine durante al menos 3 horas (no agregue agua ni caldo ya que la cebolla soltará todo el líquido necesario para evitar que se seque el fondo de la sartén). De vez en cuando revisa todo y revuelve.

Pasadas las 3 horas de cocción, retiramos el manojo de hierbas, subimos un poco el fuego, añadimos un poco de vino y removemos.

Cocine la carne sin tapar durante aproximadamente una hora, revolviendo constantemente y agregando el vino cuando el fondo de la sartén esté seco.

En este punto, cogemos un trozo de carne, lo cortamos en rodajas sobre una tabla y reservamos. Picar el ziti y cocerlo en agua hirviendo con sal.

Una vez cocido, escurrir y regresar a la sartén. Vierta unas cucharadas de agua de cocción y revuelva. Ponlo en un plato y añade un poco de salsa y la carne desmenuzada (la reservada en el paso 7). Sazone con pimienta y parmesano rallado al gusto.

Nutrición (por 100 g): 450 Calorías 8 g Grasa 80 g Carbohidratos 14,5 g Proteína 816 mg Sodio

Pasta de coliflor de Nápoles

Tiempo de preparación: 15 minutos
hora de cocinar: 35 minutos
Porciones: 3
Nivel de dificultad: medio

Ingredientes:

- 10,5 onzas de masa
- 1 coliflor
- 3,4 onzas 100 ml (oz) de puré de tomate
- 1 diente de ajo
- 1 pimiento
- 3 cucharadas de aceite de oliva virgen extra (o cucharaditas)
- sal al gusto
- Pimienta al gusto

Instrucciones:

Limpiar bien la coliflor: quitarle las hojas exteriores y el tallo. Córtelo en pequeños ramos.

Pelar el diente de ajo, picarlo y dorarlo en una cazuela con el aceite de oliva y la guindilla.

Añade el puré de tomate y los floretes de coliflor y sofríe unos minutos a fuego medio, cubre con unos cazos de agua y cocina durante 15-20 minutos o al menos hasta que la coliflor empiece a estar cremosa.

Si notas que el fondo de la olla está demasiado seco, agrega tanta agua como sea necesario para mantener la mezcla líquida.

En este punto, cubrimos la coliflor con agua caliente y, cuando hierva, añadimos la pasta.

Condimentar con sal y pimienta.

Nutrición (por 100 g): 458 calorías 18 g de grasa 65 g de carbohidratos 9 g de proteína 746 mg de sodio

Pasta e Fagioli con naranja e hinojo

Tiempo de preparación: 10 minutos

hora de cocinar: 30 minutos

Porciones: 5

Nivel de dificultad: dificultad

Ingredientes:

- Aceite de oliva virgen extra - 1 cucharada. más extra para servir
- Pancetta – 2 onzas, finamente picada
- Cebolla – 1, finamente picada
- Hinojo: 1 bulbo, sin tallos, bulbo cortado por la mitad, sin corazón y finamente picado
- Apio - 1 costilla picada
- Ajo – 2 dientes, picados
- Filetes de anchoa – 3, lavados y picados
- orégano fresco picado - 1 cucharada.
- Ralladura de piel de naranja - 2 cucharadas.
- Semillas de hinojo – ½ cucharadita.
- Hojuelas de pimiento rojo – ¼ de cucharadita.
- Tomates cortados en cubitos - 1 lata (28 oz)
- Queso parmesano: 1 corteza y más para servir
- Frijoles Cannellini – 1 lata (7 onzas), enjuagados
- Caldo de pollo - 2 ½ tazas
- Agua – 2 ½ tazas
- Sal y pimienta

- Orzo – 1 taza
- Perejil fresco picado – ¼ de taza

Instrucciones:

Calienta el aceite en una olla a fuego medio. Agrega la panceta. Freír de 3 a 5 minutos o hasta que empiecen a dorarse. Agregue el apio, el hinojo y la cebolla y saltee hasta que se ablanden (aproximadamente de 5 a 7 minutos).

Agregue las hojuelas de chile, las semillas de hinojo, la ralladura de naranja, el orégano, las anchoas y el ajo. Cocine por 1 minuto. Agrega los tomates y su jugo. Agrega la cáscara de parmesano y los frijoles.

Cocine y cocine por 10 minutos. Agregue el agua, el caldo y 1 cucharada. sal. Llevar a ebullición a fuego alto. Agrega los macarrones y cocina hasta que estén al dente.

Retirar del fuego y desechar la cáscara de parmesano.

Agrega el perejil y sazona con sal y pimienta al gusto. Rociar con un poco de aceite de oliva y cubrir con parmesano rallado. Atender.

Nutrición (por 100 g): 502 Calorías 8,8 g Grasa 72,2 g Carbohidratos 34,9 g Proteína 693 mg Sodio

espaguetis de limón

Tiempo de preparación: 10 minutos
hora de cocinar: 15 minutos
Porciones: 6
Nivel de dificultad: fácil

Ingredientes:

- Aceite de oliva virgen extra – ½ taza
- ralladura de limón rallada - 2 cucharadas.
- Jugo de limón – 1/3 taza
- Ajo – 1 diente de ajo picado
- Sal y pimienta
- Queso parmesano - 2 onzas, rallado
- Espaguetis – 1 libra
- albahaca fresca rallada - 6 cucharadas.

Instrucciones:

En un bol, mezcle el ajo, el aceite, la ralladura de limón, el jugo y ½ cucharadita. sal y ¼ de cucharadita. Pimienta. Agrega el parmesano y mezcla hasta que esté cremoso.

Mientras tanto, cocine la pasta según las instrucciones del paquete. Escurrir y reservar ½ taza de agua de cocción. Agrega la mezcla de aceite y albahaca a los fideos y mezcla bien. Sazone bien y agregue agua de cocción si es necesario. Atender.

Nutrición (por 100 g): 398 Calorías 20,7 g Grasa 42,5 g Carbohidratos 11,9 g Proteína 844 mg Sodio

Cuscús con Verduras Sazonadas

Tiempo de preparación: 10 minutos

hora de cocinar: 20 minutos

Porciones: 6

Nivel de dificultad: difícil

Ingredientes:

- Coliflor – 1 cabeza, cortada en floretes de 1 pulgada
- Aceite de oliva virgen extra - 6 cucharadas. más extra para servir
- Sal y pimienta
- Cuscús – 1 ½ tazas
- Calabacín – 1, cortado en trozos de ½ pulgada
- Pimiento rojo – 1, tallo, sin semillas y cortado en trozos de ½ pulgada
- Ajo – 4 dientes, picados
- Ras el hanout - 2 cucharaditas
- ralladura de limón -1 cucharada. más rodajas de limón para servir
- Caldo de pollo - 1 ¾ tazas
- Mejorana fresca picada - 1 cucharada.

Instrucciones:

En una sartén calentar 2 cucharadas. aceite a fuego medio. Agrega las coliflores, ¾ cucharadita. sal y ½ cucharadita. Pimienta. Mezcla.

Cocine hasta que los floretes estén dorados y los bordes apenas traslúcidos.

Retire la tapa y cocine, revolviendo, durante 10 minutos o hasta que los floretes estén dorados. Transfiera a un bol y limpie la sartén. Calienta 2 cucharadas. aceite en la sartén.

Agrega el cuscús. Cocine y continúe revolviendo durante 3 a 5 minutos o hasta que los frijoles comiencen a dorarse. Transfiera a un bol y limpie la sartén. Calienta las 3 cucharadas. cucharadas restantes. Engrase la sartén y agregue el pimiento, el calabacín y ½ cucharadita. sal. Cocine por 8 minutos.

Agrega la ralladura de limón, el ras el hanout y el ajo. Cocine hasta que esté fragante (unos 30 segundos). Agrega el caldo y cocina. Agrega el cuscús. Retirar del fuego y reservar hasta que estén tiernos.

Agrega la mejorana y la coliflor; luego revuelva suavemente con un tenedor para incorporar. Rocíe con aceite adicional y sazone bien. Servir con rodajas de limón.

Nutrición (por 100 g): 787 Calorías 18,3 g Grasa 129,6 g Carbohidratos 24,5 g Proteína 699 mg Sodio

Arroz al horno sazonado con hinojo

Tiempo de preparación: 10 minutos

hora de cocinar: 45 minutos

Porciones: 8

Nivel de dificultad: medio

Ingredientes:

- Camote – 1 ½ libras, peladas y cortadas en trozos de 1 pulgada
- Aceite de oliva virgen extra – ¼ de taza
- Sal y pimienta
- Hinojo – 1 bulbo, finamente picado
- Cebolla pequeña – 1, finamente picada
- Arroz blanco de grano largo – 1 ½ tazas, enjuagado
- Ajo – 4 dientes, picados
- Ras el hanout - 2 cucharaditas
- Caldo de pollo - 2 ¾ tazas
- Aceitunas verdes deshuesadas en escabeche – ¾ de taza, cortadas por la mitad
- Cilantro fresco picado – 2 cucharadas.
- rodajas de limon

Instrucciones:

Coloque la rejilla del horno en el medio y precaliente el horno a 400F. Mezclar las patatas con ½ cucharadita. sal y 2 cucharadas. aceite.

Coloque las papas en una sola capa sobre una bandeja para hornear con borde y hornee durante 25 a 30 minutos o hasta que estén tiernas. Remueve las patatas a mitad de la cocción.

Retire las patatas y baje la temperatura del horno a 350F. En una olla, caliente las 2 cucharadas. cucharadas restantes. aceite a fuego medio.

Agrega la cebolla y el hinojo; luego cocine de 5 a 7 minutos o hasta que estén tiernos. Agrega el ras el hanout, el ajo y el arroz. Freír durante 3 minutos.

Agrega las aceitunas y el caldo y deja reposar 10 minutos. Agrega las papas al arroz y revuelve suavemente con un tenedor para combinar. Sazone con sal y pimienta al gusto. Adorne con cilantro y sirva con rodajas de limón.

Nutrición (por 100 g): 207 Calorías 8,9 g Grasa 29,4 g Carbohidratos 3,9 g Proteína 711 mg Sodio

Cuscús marroquí con garbanzos

Tiempo de preparación: 5 minutos
hora de cocinar: 18 minutos
Porciones: 6
Nivel de dificultad: medio

Ingredientes:

- Aceite de oliva virgen extra – ¼ de taza, extra para servir
- Cuscús – 1 ½ tazas
- Zanahorias finas, peladas y picadas - 2
- cebolla finamente picada - 1
- Sal y pimienta
- Ajo – 3 dientes, picados
- Cilantro molido - 1 cucharada.
- Jengibre en polvo - cucharadita.
- Semillas de anís molidas – ¼ de cucharadita.
- Caldo de pollo - 1 ¾ tazas
- Garbanzos – 1 lata (15 onzas), enjuagados
- Guisantes congelados – 1 ½ tazas
- Perejil o cilantro fresco picado - ½ taza
- rodajas de limon

Instrucciones:

Calienta 2 cucharadas. aceite en una sartén a fuego medio. Agregue el cuscús y cocine de 3 a 5 minutos o hasta que comience a dorarse. Transfiera a un bol y limpie la sartén.

Calienta las 2 cucharadas. cucharadas restantes. aceite a la sartén y agregue la cebolla, las zanahorias y 1 cucharada. sal. Cocine de 5 a 7 minutos. Agrega el anís, el jengibre, el cilantro y el ajo. Cocine hasta que esté fragante (unos 30 segundos).

Mezclar los garbanzos y el caldo y llevar a ebullición. Añade el cuscús y los guisantes. Cubrir y retirar del fuego. Reservar hasta que el cuscús esté tierno.

Agrega el perejil al cuscús y revuelve con un tenedor para combinar. Rociar con un poco más de aceite y sazonar bien. Servir con rodajas de limón.

Nutrición (por 100 g): 649 Calorías 14,2 g Grasa 102,8 g Carbohidratos 30,1 g Proteína 812 mg Sodio

Paella vegetariana con judías verdes y garbanzos

Tiempo de preparación: 10 minutos
hora de cocinar: 35 minutos
Porciones: 4
Nivel de dificultad: fácil

Ingredientes:

- pizca de azafrán
- Caldo de verduras - 3 tazas
- Aceite de oliva - 1 cucharada.
- Cebolla amarilla – 1 grande, cortada en cubitos
- Ajo – 4 dientes, rebanados
- Pimiento rojo – 1, en rodajas
- Tomates picados – ¾ de taza, frescos o enlatados
- Pasta de tomate - 2 cucharadas.
- Pimiento picante - 1 ½ cucharadita.
- Sal - 1 cucharadita.
- Pimienta negra recién molida – ½ cucharadita.
- Judías verdes – 1 ½ tazas, cortadas en rodajas y partidas por la mitad
- Garbanzos – 1 lata (15 onzas), escurridos y enjuagados
- Arroz blanco de grano corto - 1 taza
- Limón – 1, en rodajas

Instrucciones:

Mezclar las hebras de azafrán con 3 cucharadas. agua tibia en un tazón pequeño. En una cacerola cuece el agua a fuego medio. Reducir el fuego y llevar a ebullición.

Cuece el aceite en una sartén a fuego medio. Agrega la cebolla y sofríe durante 5 minutos. Agrega la pimienta y el ajo y saltea durante 7 minutos o hasta que la pimienta se ablande. Agrega la mezcla de cúrcuma y agua, sal, pimienta, pimentón, pasta de tomate y tomates.

Agrega el arroz, los garbanzos y las judías verdes. Agrega el caldo caliente y deja hervir. Reduzca el fuego y cocine descubierto durante 20 minutos.

Sirva caliente, adornado con rodajas de limón.

Nutrición (por 100 g): 709 calorías 12 g de grasa 121 g de carbohidratos 33 g de proteína 633 mg de sodio

Camarones al ajillo con tomate y albahaca

Tiempo de preparación: 10 minutos
hora de cocinar: 10 minutos
Porciones: 4
Nivel de dificultad: fácil

Ingredientes:

- Aceite de oliva - 2 cucharadas.
- Camarones – 1 ¼ libras, pelados y sin semillas
- Ajo – 3 dientes, picados
- Hojuelas de pimiento rojo – 1/8 cucharadita.
- Vino blanco seco - ¾ taza
- Tomates uva – 1 ½ tazas
- Albahaca fresca finamente picada – ¼ de taza, y más para decorar
- Sal – ¾ cucharadita.
- Pimienta negra molida - ½ cucharadita.

Instrucciones:

En una sartén, calienta el aceite a fuego medio-alto. Agregue los camarones y cocine por 1 minuto o hasta que estén bien cocidos. Transfiera a un plato.

Coloque las hojuelas de pimiento rojo y el ajo en aceite en una sartén y cocine, revolviendo, durante 30 segundos. Agrega el vino y cocina hasta que se reduzca a la mitad.

Agregue los tomates y saltee hasta que comiencen a descomponerse (aproximadamente de 3 a 4 minutos). Agrega los camarones reservados, sal, pimienta y albahaca. Cocine por otros 1 a 2 minutos.

Sirva adornado con la albahaca restante.

Nutrición (por 100 g): 282 calorías 10 g de grasa 7 g de carbohidratos 33 g de proteína 593 mg de sodio

paella de camarones

Tiempo de preparación: 10 minutos
hora de cocinar: 25 minutos
Porciones: 4
Nivel de dificultad: medio

Ingredientes:

- Aceite de oliva - 2 cucharadas.
- Cebolla mediana – 1, cortada en cubitos
- Pimiento rojo – 1, en rodajas
- Ajo – 3 dientes, picados
- pizca de azafrán
- Pimiento picante - ¼ de cucharadita.
- Sal - 1 cucharadita.
- Pimienta negra recién molida – ½ cucharadita.
- Caldo de pollo – 3 tazas, divididas
- Arroz blanco de grano corto - 1 taza
- Camarones grandes, pelados y raspados - 1 libra
- Guisantes congelados – 1 taza, descongelados

Instrucciones:

Calienta aceite en una sartén. Agrega la cebolla y el pimiento y sofríe durante 6 minutos o hasta que estén tiernos. Agrega sal, pimienta, pimentón, cúrcuma y ajo y mezcla. Agrega 2 ½ tazas de caldo y el arroz.

Lleve la mezcla a ebullición y cocine hasta que el arroz esté bien cocido, aproximadamente 12 minutos. Coloque los camarones y los guisantes encima del arroz y agregue la ½ taza de caldo restante.

Tape la sartén y cocine hasta que todos los camarones estén bien cocidos (aproximadamente 5 minutos). Atender.

Nutrición (por 100 g): 409 calorías 10 g de grasa 51 g de carbohidratos 25 g de proteína 693 mg de sodio

Ensalada de lentejas con aceitunas, menta y queso feta

Tiempo de preparación: 60 minutos
hora de cocinar: 60 minutos
Porciones: 6
Nivel de dificultad: medio

Ingredientes:

- Sal y pimienta
- Lentejas francesas – 1 taza, clasificadas y enjuagadas
- Ajo – 5 dientes, ligeramente triturados y pelados
- hoja de laurel - 1
- Aceite de oliva virgen extra - 5 cucharadas.
- Vinagre de vino blanco - 3 cucharadas.
- Aceitunas Kalamata deshuesadas – ½ taza, picadas
- Menta fresca picada – ½ taza
- chalote – 1 grande, picado
- Queso feta - 1 onza, desmenuzado

Instrucciones:

Agrega 4 tazas de agua tibia y 1 cucharadita. sal en un bol. Agrega las lentejas y deja en remojo a temperatura ambiente durante 1 hora. Seca bien.

Coloque la rejilla del horno en el medio y caliente el horno a 325F. Combine las lentejas, 4 tazas de agua, el ajo, la hoja de laurel y ½ cucharadita. sal en una cacerola. Tapa y coloca la fuente en el horno y cocina de 40 a 60 minutos o hasta que las lentejas estén tiernas.

Escurrir bien las lentejas, desechar el ajo y el laurel. En un tazón grande, combine el aceite y el vinagre. Agrega las chalotas, la menta, las aceitunas y las lentejas y mezcla bien.

Sazone con sal y pimienta al gusto. Colocar bien en la bandeja y decorar con queso feta. Atender.

Nutrición (por 100 g): 249 Calorías 14,3 g Grasa 22,1 g Carbohidratos 9,5 g Proteína 885 mg Sodio

Garbanzos con ajo y perejil

Tiempo de preparación: 5 minutos
hora de cocinar: 20 minutos
Porciones: 6
Nivel de dificultad: medio

Ingredientes:

- Aceite de oliva virgen extra – ¼ de taza
- Ajo – 4 dientes, en rodajas finas
- Hojuelas de pimiento rojo – 1/8 cucharadita.
- Cebolla - 1, picada
- Sal y pimienta
- Garbanzos – 2 latas (15 onzas), enjuagadas
- Caldo de pollo - 1 taza
- perejil fresco picado - 2 cucharadas.
- Jugo de limón - 2 cucharadas.

Instrucciones:

En una sartén, agrega 3 cucharadas. aceite de oliva y cocine el ajo y las hojuelas de chile durante 3 minutos. Agregue la cebolla y ¼ de cucharadita. agregue sal y cocine de 5 a 7 minutos.

Agrega los garbanzos y el caldo y deja hervir. Reduzca el fuego y cocine a fuego lento durante 7 minutos, tapado.

Destape y ajuste el fuego a alto y cocine por 3 minutos o hasta que todo el líquido se haya evaporado. Reserva y agrega el jugo de limón y el perejil.

Sazone con sal y pimienta al gusto. Espolvorea con 1 cucharada. aceite de oliva y servir.

Nutrición (por 100 g): 611 Calorías 17,6 g Grasa 89,5 g Carbohidratos 28,7 g Proteína 789 mg Sodio

Guiso de garbanzos con berenjenas y tomates

Tiempo de preparación: 10 minutos
hora de cocinar: 60 minutos
Porciones: 6
Nivel de dificultad: fácil

Ingredientes:

- Aceite de oliva virgen extra – ¼ de taza
- Cebollas – 2, picadas
- Pimiento verde - 1, finamente picado
- Sal y pimienta
- Ajo – 3 dientes, picados
- orégano fresco picado - 1 cucharada.
- Hojas de laurel - 2
- Berenjena – 1 libra, cortada en trozos de 1 pulgada
- Tomates enteros pelados - 1 lata, escurridos con el jugo reservado, picados
- Garbanzos: 2 latas (15 onzas), escurridas con 1 taza del líquido reservado

Instrucciones:

Coloque la rejilla del horno en la parte inferior central y caliente el horno a 400 F. Caliente el aceite en una olla. Agrega el pimiento, la cebolla y ½ cucharadita. sal y ¼ de cucharadita. Pimienta. Freír durante 5 minutos.

Agrega 1 cucharada. orégano, ajo y hojas de laurel y cocinar por 30 segundos. Agrega los tomates, la berenjena, el jugo reservado, los garbanzos y el líquido reservado y deja hervir. Transfiera el molde al horno y hornee, sin tapar, durante 45 a 60 minutos. Mezclar dos veces.

Deseche las hojas de laurel. Incorpora las 2 cdas. cucharadita restante orégano y sazonar con sal y pimienta. Atender.

Nutrición (por 100 g): 642 Calorías 17,3 g Grasa 93,8 g Carbohidratos 29,3 g Proteína 983 mg Sodio

Arroz Griego Al Limón

Tiempo de preparación: 20 minutos
hora de cocinar: 45 minutos
Porciones: 6
Nivel de dificultad: medio

Ingredientes:

- Arroz de grano largo: 2 tazas, crudo (remojado en agua fría durante 20 minutos y luego escurrido)
- Aceite de oliva virgen extra – 3 cucharadas.
- Cebolla Amarilla – 1 mediana, picada
- Ajo – 1 diente, picado
- Pasta Orzo – ½ taza
- Jugo de 2 limones, más ralladura de 1 limón
- Caldo bajo en sodio - 2 tazas
- pizca de sal
- Perejil picado - 1 puñado grande
- Eneldo - 1 cucharada.

Instrucciones:

En una cacerola calentar 3 cucharadas. Aceite de oliva virgen extra. Agrega la cebolla y saltea durante 3 a 4 minutos. Agregue la pasta orzo y el ajo y revuelva para combinar.

Luego agrega el arroz para cubrirlo. Agrega el caldo y el jugo de limón. Deja que hierva y reduce el fuego. Tapar y cocinar durante unos 20 minutos.

Retirar del fuego. Tapar y dejar reposar durante 10 minutos. Destape y agregue la ralladura de limón, el eneldo y el perejil. Atender.

Nutrición (por 100 g): 145 Calorías 6,9 g Grasa 18,3 g Carbohidratos 3,3 g Proteína 893 mg Sodio

Arroz con ajo y hierbas

Tiempo de preparación: 10 minutos

hora de cocinar: 30 minutos

Porciones: 4

Nivel de dificultad: fácil

Ingredientes:

- Aceite de oliva virgen extra – ½ taza, cantidad dividida
- Dientes de ajo grandes – 5, picados
- Arroz integral jazmín – 2 tazas
- Agua – 4 tazas
- Sal marina - 1 cucharadita.
- Pimienta negra - 1 cucharada.
- Cebollino fresco picado - 3 cucharadas.
- perejil fresco picado - 2 cucharadas.
- Albahaca fresca picada – 1 cucharada.

Instrucciones:

En una cacerola, agrega ¼ de taza de aceite de oliva, el ajo y el arroz. Revuelve y calienta a fuego medio. Agrega agua, sal marina y pimienta negra. Luego mezcle nuevamente.

Deja que hierva y reduce el fuego. Dejar cocer a fuego lento, sin tapar, revolviendo de vez en cuando.

Cuando el agua esté casi absorbida, mezcle el ¼ de taza de aceite de oliva restante con la albahaca, el perejil y el cebollino.

Revuelve hasta que se incorporen las hierbas y se absorba toda el agua.

Nutrición (por 100 g): 304 calorías 25,8 g de grasa 19,3 g de carbohidratos 2 g de proteína 874 mg de sodio

Ensalada de arroz mediterránea

Tiempo de preparación: 10 minutos
hora de cocinar: 25 minutos
Porciones: 4
Nivel de dificultad: medio

Ingredientes:

- Aceite de oliva virgen extra – ½ taza, cantidad dividida
- Arroz integral de grano largo - 1 taza
- Agua - 2 tazas
- Jugo de limón fresco – ¼ de taza
- Diente de ajo – 1, picado
- Romero fresco picado – 1 cucharada.
- Menta fresca picada - 1 cucharada.
- Endibia belga - 3, picadas
- Pimiento rojo – 1 mediano, picado
- Pepino de invernadero - 1, picado
- Cebolla verde entera picada – ½ taza
- Aceitunas Kalamata picadas – ½ taza
- Hojuelas de pimiento rojo – ¼ de cucharadita.
- Queso feta desmenuzado - ¾ taza
- Sal marina y pimienta negra

Instrucciones:

Calienta ¼ de taza de aceite de oliva, el arroz y una pizca de sal en una sartén a fuego lento. Revuelva para cubrir el arroz. Agrega el agua y hierve hasta que se absorba el agua. Revuelva de vez en cuando. Vierta el arroz en un bol grande y déjelo enfriar.

En otro tazón, combine ¼ de taza de aceite de oliva restante, hojuelas de pimiento rojo, aceitunas, cebollas verdes, pepino, pimentón, escarola, menta, romero, ajo y jugo de limón.

Agrega el arroz a la mezcla y mezcla bien. Incorpora suavemente el queso feta.

Pruebe y ajuste la sazón. Atender.

Nutrición (por 100 g): 415 calorías 34 g de grasa 28,3 g de carbohidratos 7 g de proteína 4755 mg de sodio

Ensalada de frijoles frescos y atún

Tiempo de preparación: 5 minutos

hora de cocinar: 20 minutos

Porciones: 6

Nivel de dificultad: fácil

Ingredientes:

- Frijoles frescos sin cáscara (sin cáscara) - 2 tazas
- Hojas de laurel - 2
- Aceite de oliva virgen extra – 3 cucharadas.
- Vinagre de vino tinto - 1 cucharada.
- sal y pimienta negra
- Atún de la mejor calidad: 1 lata (6 onzas), envasada en aceite de oliva
- Alcaparras saladas - 1 cucharada. empapado y seco
- perejil de hoja plana finamente picado - 2 cucharadas.
- Cebolla morada – 1, en rodajas

Instrucciones:

Hervir agua ligeramente salada en una cacerola. Agrega los frijoles y las hojas de laurel; luego cocine de 15 a 20 minutos o hasta que los frijoles estén tiernos pero aún firmes. Escurrir, desechar los aromáticos y transferir a un bol.

Sazone inmediatamente los frijoles con vinagre y aceite. Agrega sal y pimienta negra. Mezclar bien y ajustar los condimentos. Escurrir el atún y esparcir la pulpa de atún sobre la ensalada de judías. Agrega el perejil y las alcaparras. Mezclar y distribuir encima las rodajas de cebolla morada. Atender.

Nutrición (por 100 g): 85 Calorías 7,1 g Grasa 4,7 g Carbohidratos 1,8 g Proteína 863 mg Sodio

Deliciosos fideos con pollo

Tiempo de preparación: 10 minutos

hora de cocinar: 17 minutos

Porciones: 4

Nivel de dificultad: fácil

Ingredientes:

- 3 pechugas de pollo deshuesadas y sin piel, cortadas en trozos
- 9 onzas de pasta integral
- 1/2 taza de aceitunas, en rodajas
- 1/2 taza de tomates secados al sol
- 1 cucharada de pimiento rojo asado, picado
- 14 onzas de tomates cortados en cubitos
- 2 tazas de salsa marinara
- 1 taza de caldo de pollo
- Pimienta
- sal

Instrucciones:

Combine todos los ingredientes, excepto la pasta integral, en Instant Pot.

Cierra la tapa y cocina a fuego alto durante 12 minutos.

Una vez hecho esto, deja que la presión se libere de forma natural. Retire la tapa.

Agrega los macarrones y mezcla bien. Cierra la olla y selecciona manual y programa el temporizador en 5 minutos.

Cuando termine, libere la presión durante 5 minutos y luego libere el resto usando el cierre rápido. Retire la tapa. Revuelva bien y sirva.

Nutrición (por 100 g): 615 Calorías 15,4 g Grasa 71 g Carbohidratos 48 g Proteína 631 mg Sodio

Tazón de arroz con sabores de tacos

Tiempo de preparación: 10 minutos

hora de cocinar: 14 minutos

Porciones: 8

Nivel de dificultad: medio

Ingredientes:

- 1 kilo de carne molida
- 8 onzas de queso cheddar rallado
- 14 onzas de frijoles rojos
- 2 onzas de condimento para tacos
- 16 onzas de salsa
- 2 tazas de agua
- 2 tazas de arroz integral
- Pimienta
- sal

Instrucciones:

Configure la olla instantánea en modo saltear.

Agrega la carne a la sartén y fríe hasta que se dore.

Agregue agua, frijoles, arroz, condimento para tacos, pimienta y sal y mezcle bien.

Cubrir con salsa. Cierra la tapa y cocina a fuego alto durante 14 minutos.

Una vez hecho esto, libere la presión usando el cierre rápido. Retire la tapa.

Agregue el queso cheddar y revuelva hasta que el queso se derrita.

Servir y disfrutar.

Nutrición (por 100 g): 464 Calorías 15,3 g Grasa 48,9 g Carbohidratos 32,2 g Proteína 612 mg Sodio

Sabrosos macarrones con queso

Tiempo de preparación: 10 minutos

hora de cocinar: 10 minutos

Porciones: 6

Nivel de dificultad: fácil

Ingredientes:

- 16 onzas de pasta integral para codos
- 4 tazas de agua
- 1 taza de tomates enlatados, picados
- 1 cucharadita de ajo picado
- 2 cucharadas de aceite de oliva
- 1/4 taza de cebolla verde picada
- 1/2 taza de parmesano rallado
- 1/2 taza de queso mozzarella rallado
- 1 taza de queso cheddar rallado
- 1/4 taza de passata
- 1 taza de leche de almendras sin azúcar
- 1 taza de alcachofas marinadas, cortadas en cubitos
- 1/2 taza de tomates secados al sol, rebanados
- 1/2 taza de aceitunas, en rodajas
- 1 cucharadita de sal

Instrucciones:

Agrega la pasta, el agua, los tomates, el ajo, el aceite y la sal a la olla instantánea y mezcla bien. Cubra la tapa y cocine a fuego alto.

Una vez hecho esto, libere la presión durante unos minutos y luego libere el resto con un lavado rápido. Retire la tapa.

Pon la sartén en modo salteado. Agrega la cebolla verde, el parmesano, la mozzarella, el queso cheddar, la passata, la leche de almendras, la alcachofa, los tomates secos y la aceituna. Mezclar bien.

Mezclar bien y cocinar hasta que el queso se derrita.

Servir y disfrutar.

Nutrición (por 100 g): 519 Calorías 17,1 g Grasa 66,5 g Carbohidratos 25 g Proteína 588 mg Sodio

Arroz con pepino y aceitunas

Tiempo de preparación: 10 minutos

hora de cocinar: 10 minutos

Porciones: 8

Nivel de dificultad: medio

Ingredientes:

- 2 tazas de arroz, enjuagado
- 1/2 taza de aceitunas deshuesadas
- 1 taza de pepino picado
- 1 cucharada de vinagre de vino tinto
- 1 cucharadita de ralladura de limón, rallada
- 1 cucharada de jugo de limón fresco
- 2 cucharadas de aceite de oliva
- 2 tazas de caldo de verduras
- 1/2 cucharadita de orégano seco
- 1 pimiento rojo picado
- 1/2 taza de cebolla picada
- 1 cucharada de aceite de oliva
- Pimienta
- sal

Instrucciones:

Agregue aceite a la olla interior de Instant Pot y ponga la olla en modo saltear. Agrega la cebolla y sofríe durante 3 minutos. Agrega la pimienta y el orégano y sofríe durante 1 minuto.

Agrega el arroz y el caldo y mezcla bien. Cierra la tapa y cocina a fuego alto durante 6 minutos. Una vez hecho esto, deje que se libere la presión durante 10 minutos, luego libere el resto usando el cierre rápido. Retire la tapa.

Agrega el resto de los ingredientes y revuelve bien para combinar. Sirve inmediatamente y disfruta.

Nutrición (por 100 g): 229 Calorías 5,1 g Grasa 40,2 g Carbohidratos 4,9 g Proteína 210 mg Sodio

Sabores de risotto con hierbas

Tiempo de preparación: 10 minutos

hora de cocinar: 15 minutos

Porciones: 4

Nivel de dificultad: medio

Ingredientes:

- 2 tazas de arroz
- 2 cucharadas de parmesano rallado
- 3,5 onzas de crema agria
- 1 cucharada de orégano fresco, picado
- 1 cucharada de albahaca fresca, picada
- 1/2 cucharada de salvia, picada
- 1 cebolla picada
- 2 cucharadas de aceite de oliva
- 1 cucharadita de ajo picado
- 4 tazas de caldo de verduras
- Pimienta
- sal

Instrucciones:

Agregue el aceite a la olla interior de Instant Pot y coloque la olla en modo salteado. Agregue el ajo y la cebolla a la olla interior de Instant Pot y golpee la sartén para saltear. Agrega el ajo y la cebolla y saltea durante 2-3 minutos.

Añade el resto de los ingredientes excepto el parmesano y la nata y mezcla bien. Cierra la tapa y cocina a fuego alto durante 12 minutos.

Una vez hecho esto, libere la presión durante 10 minutos y luego libere el resto usando el cierre rápido. Retire la tapa. Agrega la crema y el queso y sirve.

Nutrición (por 100 g): 514 Calorías 17,6 g Grasa 79,4 g Carbohidratos 8,8 g Proteína 488 mg Sodio

deliciosa pasta de primavera

Tiempo de preparación: 10 minutos

hora de cocinar: 4 minutos

Porciones: 4

Nivel de dificultad: fácil

Ingredientes:

- 8 onzas de pasta penne integral
- 1 cucharada de jugo de limón fresco
- 2 cucharadas de perejil fresco, picado
- 1/4 taza de almendras laminadas
- 1/4 taza de parmesano rallado
- 14 onzas de tomates cortados en cubitos
- 1/2 taza de ciruelas
- 1/2 taza de calabacín picado
- 1/2 taza de espárragos
- 1/2 taza de zanahoria picada
- 1/2 taza de brócoli picado
- 1 3/4 taza de caldo de verduras
- Pimienta
- sal

Instrucciones:

Agregue el caldo, las zanahorias, los tomates, las ciruelas pasas, el calabacín, los espárragos, las zanahorias y el brócoli a la olla instantánea y mezcle bien. Cerrar y cocinar a fuego alto durante 4 minutos. Una vez hecho esto, libere la presión usando el cierre rápido. Retire la tapa. Mezclar bien el resto de los ingredientes y servir.

Nutrición (por 100 g): 303 Calorías 2,6 g Grasa 63,5 g Carbohidratos 12,8 g Proteína 918 mg Sodio

Pasta con pimientos asados

Tiempo de preparación: 10 minutos

hora de cocinar: 13 minutos

Porciones: 6

Nivel de dificultad: medio

Ingredientes:

- 1 libra de pasta penne integral
- 1 cucharada de condimento italiano
- 4 tazas de caldo de verduras
- 1 cucharada de ajo picado
- 1/2 cebolla picada
- Pimientos rojos asados en frasco de 14 oz
- 1 taza de queso feta, desmenuzado
- 1 cucharada de aceite de oliva
- Pimienta
- sal

Instrucciones:

Agrega el pimiento asado a una licuadora y licúa hasta que quede suave. Agregue el aceite a la olla interior de Instant Pot y coloque la olla en modo salteado. Agregue el ajo y la cebolla a la taza interior de Instant Pot y cocine. Agrega el ajo y la cebolla y saltea durante 2-3 minutos.

Agrega el pimiento asado y saltea durante 2 minutos.

Agrega el resto de los ingredientes excepto el queso feta y mezcla bien. Cierra bien y cocina a fuego alto durante 8 minutos. Cuando hayas terminado, libera la presión de forma natural durante 5 minutos y luego libera el resto usando el cierre rápido. Retire la tapa. Cubra con queso feta y sirva.

Nutrición (por 100 g): 459 Calorías 10,6 g Grasa 68,1 g Carbohidratos 21,3 g Proteína 724 mg Sodio

Queso Con Albahaca Y Arroz Con Tomate

Tiempo de preparación: 10 minutos

hora de cocinar: 26 minutos

Porciones: 8

Nivel de dificultad: medio

Ingredientes:

- 1 1/2 tazas de arroz integral
- 1 taza de parmesano rallado
- 1/4 taza de albahaca fresca picada
- 2 tazas de tomates uva, cortados por la mitad
- 8 onzas de salsa de tomate
- 1 3/4 taza de caldo de verduras
- 1 cucharada de ajo picado
- 1/2 taza de cebolla picada
- 1 cucharada de aceite de oliva
- Pimienta
- sal

Instrucciones:

Agregue el aceite al recipiente interior de Instant Pot y seleccione la sartén para saltear. Coloque el ajo y la cebolla en la olla interior de Instant Pot y déjelos saltear. Mezclar el ajo y la cebolla y sofreír durante 4 minutos. Agrega el arroz, la salsa de tomate, el caldo, la pimienta y la sal y mezcla bien.

Tapar y cocinar a fuego alto durante 22 minutos.

Una vez hecho esto, déjelo liberar presión durante 10 minutos y luego libere el resto usando el cierre rápido. Retire la tapa. Agrega los ingredientes restantes y mezcla. Servir y disfrutar.

Nutrición (por 100 g): 208 Calorías 5,6 g Grasa 32,1 g Carbohidratos 8,3 g Proteína 863 mg Sodio

macarrones con queso

Tiempo de preparación: 10 minutos

hora de cocinar: 4 minutos

Porciones: 8

Nivel de dificultad: fácil

Ingredientes:

- 1 libra de pasta integral
- 1/2 taza de parmesano rallado
- 4 tazas de queso cheddar rallado
- 1 taza de leche
- 1/4 cucharadita de ajo en polvo
- 1/2 cucharadita de mostaza molida
- 2 cucharadas de aceite de oliva
- 4 tazas de agua
- Pimienta
- sal

Instrucciones:

Agregue pasta, ajo en polvo, mostaza, aceite, agua, pimienta y sal a Instant Pot. Cierra bien y cocina a fuego alto durante 4 minutos. Cuando haya terminado, libere la presión usando el cierre rápido. Abre la tapa. Agrega el resto de los ingredientes, mezcla bien y sirve.

Nutrición (por 100 g): 509 Calorías 25,7 g Grasa 43,8 g Carbohidratos 27,3 g Proteína 766 mg Sodio

pasta de atún

Tiempo de preparación: 10 minutos
hora de cocinar: 8 minutos
Porciones: 6
Nivel de dificultad: medio

Ingredientes:

- 10 onzas de atún, escurrido
- 15 onzas de pasta rotini integral
- 4 onzas de queso mozzarella, cortado en cubitos
- 1/2 taza de parmesano rallado
- 1 cucharadita de albahaca seca
- 14 onzas de tomates enlatados
- 4 tazas de caldo de verduras
- 1 cucharada de ajo picado
- 8 onzas de champiñones, rebanados
- 2 calabacines cortados
- 1 cebolla picada
- 2 cucharadas de aceite de oliva
- Pimienta
- sal

Instrucciones:

Vierta aceite en la olla interior de Instant Pot y presione la olla para saltear. Agrega los champiñones, el calabacín y la cebolla y sofríe hasta que la cebolla se ablande. Agrega el ajo y sofríe por un minuto.

Agrega la pasta, la albahaca, el atún, el tomate y el caldo y mezcla bien. Tapar y cocinar a fuego alto durante 4 minutos. Cuando termine, libere la presión durante 5 minutos y luego libere el resto usando el cierre rápido. Retire la tapa. Agrega el resto de los ingredientes, mezcla bien y sirve.

Nutrición (por 100 g): 346 Calorías 11,9 g Grasa 31,3 g Carbohidratos 6,3 g Proteína 830 mg Sodio

Mezcla de panini de aguacate y pavo

Tiempo de preparación: 5 minutos

hora de cocinar: 8 minutos

Porciones: 2

Nivel de dificultad: fácil

Ingredientes:

- 2 pimientos rojos, asados y cortados en tiras
- ¼ de libra pechuga de pavo ahumada al mezquite en rodajas finas
- 1 taza de hojas de espinacas frescas, divididas
- 2 rebanadas de queso provolone
- 1 cucharada de aceite de oliva, dividido
- 2 panecillos ciabatta
- ¼ taza de mayonesa
- ½ aguacate maduro

Instrucciones:

En un bol tritura bien la mayonesa y el aguacate. Luego precalienta la prensa para panini.

Cortar los panes por la mitad y untar aceite de oliva dentro del pan. Luego rellenar con el relleno esparciendo en capas: queso provolone, pechuga de pavo, pimientos asados, hojas de espinaca y untar la mezcla de aguacate y cubrir con la otra rebanada de pan.

Coloque el sándwich en la prensa para panini y ase durante 5 a 8 minutos hasta que el queso se derrita y el pan esté crujiente y crujiente.

Nutrición (por 100 g): 546 Calorías 34,8 g Grasa 31,9 g Carbohidratos 27,8 g Proteína 582 mg Sodio

Wrap de pepino, pollo y mango

Tiempo de preparación: 5 minutos

hora de cocinar: 20 minutos

Porciones: 1

Nivel de dificultad: difícil

Ingredientes:

- ½ pepino mediano cortado a lo largo
- ½ mango maduro
- 1 cucharada de vinagreta de tu elección
- 1 tortilla integral
- Rebanada de pechuga de pollo, de 2,5 cm de grosor y 15 cm de largo aproximadamente
- 2 cucharadas de aceite para freír
- 2 cucharadas de harina integral
- 2 a 4 hojas de lechuga
- Sal y pimienta para probar

Instrucciones:

Corte una pechuga de pollo en tiras de 1 pulgada y cocine solo tiras de 6 pulgadas en total. Serían como dos tiras de pollo. Guarde el pollo restante para usarlo en el futuro.

Sazone el pollo con pimienta y sal. Pasar por harina integral.

A fuego medio, coloca una sartén pequeña antiadherente y calienta el aceite. Cuando el aceite esté caliente, agrega las tiras de pollo y fríe hasta que estén doradas, aproximadamente 5 minutos por lado.

Mientras se cocina el pollo, coloca las tortillas en el horno y cocina de 3 a 5 minutos. Luego reserve y transfiera a un plato.

Corta el pepino a lo largo, usa solo la mitad y guarda el pepino restante. Pelar el pepino en cuartos y quitarle la piel. Coloque las dos rodajas de pepino dentro del envoltorio de la tortilla, a 1 pulgada del borde.

Corta el mango y guarda la otra mitad con las semillas. Pela el mango deshuesado, córtalo en tiras y colócalo encima del pepino en la masa de tortilla.

Una vez que el pollo esté cocido, coloca el pollo junto al pepino en una fila.

Agrega la hoja de pepino y rocía con la vinagreta de tu preferencia.

Enrolla la tortilla, sirve y disfruta.

Nutrición (por 100 g): 434 calorías 10 g de grasa 65 g de carbohidratos 21 g de proteína 691 mg de sodio

Fattoush – Pan del Medio Oriente

Tiempo de preparación: 10 minutos

hora de cocinar: 15 minutos

Porciones: 6

Nivel de dificultad: difícil

Ingredientes:

- 2 panes pita
- 1 cucharada de aceite de oliva virgen extra
- 1/2 cucharadita de zumaque, más para después
- Sal y pimienta
- 1 corazón de lechuga romana
- 1 pepino inglés
- 5 tomates romanos
- 5 cebollas verdes
- 5 rábanos
- 2 tazas de hojas de perejil fresco picado
- 1 taza de hojas de menta fresca picadas
- <u>Ingredientes de la salsa:</u>
- 1 1/2 limón, jugo
- 1/3 taza de aceite de oliva virgen extra
- Sal y pimienta
- 1 cucharadita de zumaque molido
- 1/4 cucharadita de canela molida
- solo 1/4 cucharadita de pimienta de Jamaica molida

Instrucciones:

Tuesta el pan plano durante 5 minutos en la tostadora. Y luego parta el pan plano en pedazos.

En una cacerola grande a fuego medio, calienta 3 cucharadas de aceite de oliva durante 3 minutos. Agregue el pan plano y fría hasta que esté dorado, aproximadamente 4 minutos, revolviendo.

Agrega sal, pimienta y 1/2 cucharadita de zumaque. Retira las patatas fritas del fuego y colócalas sobre papel absorbente para que escurran.

Mezcle bien la lechuga picada, el pepino, el tomate, el cebollino, las rodajas de rábano, las hojas de menta y el perejil en una ensaladera grande.

Para hacer la vinagreta de limón, mezcle todos los ingredientes en un tazón pequeño.

Agrega el aderezo a la ensalada y mezcla bien. Mezclar el pan de pita.

Servir y disfrutar.

Nutrición (por 100 g): 192 Calorías 13,8 g Grasa 16,1 g Carbohidratos 3,9 g Proteína 655 mg Sodio

Focaccia de tomate y ajo sin gluten

Tiempo de preparación: 5 minutos

hora de cocinar: 20 minutos

Porciones: 8

Nivel de dificultad: difícil

Ingredientes:

- 1 huevo
- ½ cucharadita de jugo de limón
- 1 cucharada de miel
- 4 cucharadas de aceite de oliva
- una pizca de azucar
- 1 ¼ taza de agua caliente
- 1 cucharada de levadura seca activa
- 2 cucharaditas de romero picado
- 2 cucharaditas de tomillo picado
- 2 cucharaditas de albahaca picada
- 2 dientes de ajo, picados
- 1 ¼ cucharadita de sal marina
- 2 cucharaditas de goma xantana
- ½ taza de harina de mijo
- 1 taza de fécula de papa, no harina
- 1 taza de harina de sorgo
- Harina de maíz sin gluten para espolvorear

Instrucciones:

Durante 5 minutos, enciende el horno y luego apágalo manteniendo la puerta del horno cerrada.

Mezclar agua tibia y una pizca de azúcar. Agrega la levadura y revuelve suavemente. Dejar reposar durante 7 minutos.

En un tazón grande, combine las hierbas, el ajo, la sal, la goma xantana, el almidón y la harina. Una vez terminada la levadura, viértela en un bol de harina. Agrega el huevo, el jugo de limón, la miel y el aceite de oliva.

Mezclar bien y colocar en una fuente para horno cuadrada bien engrasada y espolvoreada con harina de maíz. Adorne con ajo fresco, más hierbas y rodajas de tomate. Colocar en horno caliente y dejar reposar durante media hora.

Enciende el horno a 375oF y luego del tiempo de precalentamiento por 20 minutos. La focaccia se cocina una vez que la parte superior esté ligeramente dorada. Retirar del horno y del molde inmediatamente y dejar enfriar. Se sirve mejor caliente.

Nutrición (por 100 g): 251 Calorías 9 g Grasa 38,4 g Carbohidratos 5,4 g Proteína 366 mg Sodio

Hamburguesas de champiñones a la parrilla

Tiempo de preparación: 15 minutos
hora de cocinar: 10 minutos
Porciones: 4
Nivel de dificultad: medio

Ingredientes:

- 2 lechugas iceberg, cortadas por la mitad
- 4 rodajas de cebolla morada
- 4 rodajas de tomate
- 4 panes integrales, tostados
- 2 cucharadas de aceite de oliva
- ¼ de cucharadita de pimienta de cayena, opcional
- 1 diente de ajo, picado
- 1 cucharada de azúcar
- ½ taza de agua
- 1/3 taza de vinagre balsámico
- 4 tapas grandes de hongos Portobello, de aproximadamente 5 pulgadas de diámetro

Instrucciones:

Retire los tallos de los champiñones y límpielos con un paño húmedo. Transfiera a una bandeja para hornear con las branquias hacia arriba.

En un bol, combine el aceite de oliva, la pimienta de cayena, el ajo, el azúcar, el agua y el vinagre. Vierte sobre los champiñones y marina los champiñones en el ref durante al menos una hora.

Cuando casi se acabe la hora, precalienta la parrilla a fuego medioalto y engrasa la parrilla.

Asa los champiñones durante cinco minutos por cada lado o hasta que estén tiernos. Riega los champiñones con la marinada para que no se sequen.

Para armar, coloca ½ del pan dulce en un plato, cubre con una rodaja de cebolla, champiñones, tomate y una hoja de lechuga. Cubrir con la otra mitad superior del pan. Repite la operación con el resto de ingredientes, sirve y disfruta.

Nutrición (por 100 g): 244 Calorías 9,3 g Grasa 32 g Carbohidratos 8,1 g Proteína 693 mg Sodio

Baba Ghanoush mediterráneo

Tiempo de preparación: 10 minutos
hora de cocinar: 25 minutos
Porciones: 4
Nivel de dificultad: medio

Ingredientes:

- 1 cabeza de ajo
- 1 pimiento rojo, cortado por la mitad y sin semillas
- 1 cucharada de albahaca fresca picada
- 1 cucharada de aceite de oliva
- 1 cucharadita de pimienta negra
- 2 berenjenas, cortadas a lo largo
- 2 rebanadas de pan plano o pita
- jugo de 1 limon

Instrucciones:

Unte la parrilla con aceite en aerosol y precaliente la parrilla a fuego medio-alto.

Corta los extremos del ajo y envuélvelo en papel de aluminio. Colóquelo en la parte más fría de la parrilla y cocine por al menos 20 minutos. Coloca las rodajas de pimiento y berenjena en la parte más caliente de la parrilla. Asar por ambos lados.

Una vez que los bulbos estén cocidos, pela los ajos asados y coloca los ajos pelados en un procesador de alimentos. Agregue aceite de oliva, pimienta, albahaca, jugo de limón, pimiento rojo asado y berenjena asada. Hacer un puré y verterlo en un bol.

Tuesta el pan durante al menos 30 segundos por cada lado para calentarlo. Sirve el pan con la salsa de puré y disfruta.

Nutrición (por 100 g): 231,6 Calorías 4,8 g Grasa 36,3 g Carbohidratos 6,3 g Proteína 593 mg Sodio

Bollos multicereales y sin gluten

Tiempo de preparación: 10 minutos

hora de cocinar: 20 minutos

Porciones: 8

Nivel de dificultad: medio

Ingredientes:

- ½ cucharadita de vinagre de manzana
- 3 cucharadas de aceite de oliva
- 2 huevos
- 1 cucharadita de levadura
- 1 cucharadita de sal
- 2 cucharaditas de goma xantana
- ½ taza de almidón de tapioca
- ¼ de taza de harina de teff integral
- ¼ taza de harina de linaza
- ¼ taza de harina de amaranto
- ¼ taza de harina de sorgo
- ¾ taza de harina de arroz integral

Instrucciones:

Mezcla bien el agua y la miel en un bol pequeño y agrega la levadura. Dejar actuar exactamente 10 minutos.

Combine lo siguiente con una licuadora: polvo para hornear, sal, goma xantana, harina de lino, harina de sorgo, harina de teff, almidón de tapioca, harina de amaranto y harina de arroz integral.

En un tazón mediano, mezcle el vinagre, el aceite y los huevos.

En un bol de ingredientes secos vierte la mezcla de vinagre y levadura y mezcla bien.

Engrase un molde para muffins de 12 tazas con aceite en aerosol. Transfiera la masa de manera uniforme a 12 moldes para muffins y déjela reposar durante una hora.

Luego precalienta el horno a 375oF y hornea los panecillos hasta que la parte superior esté dorada, aproximadamente 20 minutos.

Retirar inmediatamente los panes del horno y los moldes para muffins y dejar enfriar.

Se sirve mejor caliente.

Nutrición (por 100 g): 207 Calorías 8,3 g Grasa 27,8 g Carbohidratos 4,6 g Proteína 844 mg Sodio

Linguini de mariscos

Tiempo de preparación: 10 minutos

hora de cocinar: 35 minutos

Porciones: 2

Nivel de dificultad: difícil

Ingredientes:

- 2 dientes de ajo, picados
- 4 onzas de linguini integrales
- 1 cucharada de aceite de oliva
- 14 oz de tomates, enlatados y cortados en cubitos
- 1/2 cucharada de chalota, picada
- 1/4 taza de vino blanco
- Sal marina y pimienta negra al gusto.
- 6 almejas cerezas, limpias
- 4 onzas de tilapia, cortada en tiras de 1 pulgada
- 4 onzas de vieiras secas
- 1/8 taza de parmesano rallado
- 1/2 cucharadita de mejorana, picada y fresca

Instrucciones:

Hierva el agua en la cacerola y cocine la pasta hasta que esté tierna, lo que debería tomar unos ocho minutos. Escurrir y enjuagar la pasta.

Calienta el aceite en una sartén grande a fuego medio y cuando el aceite esté caliente agrega el ajo y las chalotas. Cocine por un minuto y revuelva con frecuencia.

Aumente el fuego a medio-alto antes de agregar la sal, el vino, la pimienta y los tomates, hasta que hierva. Cocine por un minuto más.

Luego agrega las almejas, tapa y cocina por dos minutos más.

Luego añade la mejorana, las vieiras y el pescado. Continúe cocinando hasta que el pescado esté completamente cocido y las almejas abiertas. Esto tomará hasta cinco minutos y eliminará las almejas que no se abren.

Unte la salsa y las almejas sobre la pasta, espolvoree con parmesano y mejorana antes de servir. Sírvelo caliente.

Nutrición (por 100 g): 329 calorías 12 g de grasa 10 g de carbohidratos 33 g de proteína 836 mg de sodio

Condimento de tomate y camarones al jengibre

Tiempo de preparación: 10 minutos

hora de cocinar: 15 minutos

Porciones: 2

Nivel de dificultad: difícil

Ingredientes:

- 1 1/2 cucharadas de aceite vegetal
- 1 diente de ajo, picado
- 10 camarones, extra grandes, pelados y con las colas restantes
- 3/4 cucharadas de dedo, rallado y pelado
- 1 tomate verde, cortado por la mitad
- 2 tomates italianos cortados por la mitad
- 1 cucharada de jugo de limón, fresco
- 1/2 cucharadita de azúcar
- 1/2 cucharada de semillas de jalapeño, frescas y picadas
- 1/2 cucharada de albahaca, fresca y picada
- 1/2 cucharada de cilantro, picado y fresco
- 10 brochetas
- Sal marina y pimienta negra al gusto.

Instrucciones:

Remoja tus brochetas en una olla con agua durante al menos media hora.

Combine el ajo y el jengibre en un tazón, transfiera la mitad a un tazón más grande y mezcle con dos cucharadas de aceite. Agrega los camarones y asegúrate de que queden bien cubiertos.

Cubra y transfiera al refrigerador durante al menos media hora, luego deje enfriar.

Calentar bien la parrilla y engrasar ligeramente las parrillas con aceite. Tome un bol y mezcle los tomates ciruela y verdes con la cucharada restante de aceite de oliva, sazone con sal y pimienta.

Asa los tomates con el lado cortado hacia arriba y la piel debe quedar carbonizada. La pulpa del tomate debe estar blanda, lo que tardará entre cuatro y seis minutos en el caso de los tomates italianos y unos diez minutos en el caso de los verdes.

Retire la piel cuando los tomates estén lo suficientemente fríos como para manipularlos, luego deseche las semillas. Pica finamente la pulpa del tomate, agregándola al jengibre y al ajo reservados. Agrega el azúcar, el jalapeño, el jugo de lima y la albahaca.

Sazone los camarones con sal y pimienta, ensártelos en brochetas y áselos hasta que estén opacos, aproximadamente dos minutos por lado. Coloca los camarones en un plato con tu sazón y disfruta.

Nutrición (por 100 g): 391 calorías 13 g de grasa 11 g de carbohidratos 34 g de proteína 693 mg de sodio

Camarones y Pasta

Tiempo de preparación: 10 minutos
hora de cocinar: 10 minutos
Porciones: 2
Nivel de dificultad: medio

Ingredientes:

- 2 tazas de pasta cabello de ángel, cocida
- 1/2 libra camarones medianos, pelados
- 1 diente de ajo, picado
- 1 taza de tomates picados
- 1 cucharadita de aceite de oliva
- 1/6 taza de aceitunas Kalamata, deshuesadas y picadas
- 1/8 taza de albahaca, fresca y en rodajas finas
- 1 cucharada de alcaparras, escurridas
- 1/8 taza de queso feta desmenuzado
- pizca de pimienta negra

Instrucciones:

Cocine la pasta según las instrucciones del paquete, luego caliente el aceite en una sartén a fuego medio-alto. Cuece el ajo durante medio minuto y añade los camarones. Saltee por un minuto más.

Agrega la albahaca y los tomates, luego reduce el fuego para cocinar durante tres minutos. Tu tomate debe estar tierno.

Agrega las aceitunas y las alcaparras. Agrega una pizca de pimienta negra y mezcla la mezcla de camarones y fideos para servir. Adorne con queso antes de servir caliente.

Nutrición (por 100 g): 357 calorías 11 g de grasa 9 g de carbohidratos 30 g de proteína 871 mg de sodio

bacalao escalfado

Tiempo de preparación: 10 minutos
hora de cocinar: 25 minutos
Porciones: 2
Nivel de dificultad: medio

Ingredientes:

- 2 filetes de bacalao, 6 onzas
- Sal marina y pimienta negra al gusto.
- 1/4 taza de vino blanco seco
- 1/4 taza de caldo de mariscos
- 2 dientes de ajo, picados
- 1 hoja de laurel
- 1/2 cucharadita de salvia fresca picada
- 2 ramitas de romero para decorar

Instrucciones:

Comience por encender el horno a 375, luego sazone los filetes con sal y pimienta. Colócalos en una fuente para horno y añade el caldo, el ajo, el vino, la salvia y la hoja de laurel. Tapar bien y cocinar durante unos veinte minutos. El pescado debe quedar escamoso al probarlo con un tenedor.

Con una espátula saca cada filete, coloca el líquido a fuego alto y deja reducir a la mitad. Esto debería tomar diez minutos y deberás revolver con frecuencia. Servir bañado en el líquido hirviendo y adornado con una ramita de romero.

Nutrición (por 100 g): 361 calorías 10 g de grasa 9 g de carbohidratos 34 g de proteína 783 mg de sodio

Mejillones al vino blanco

Tiempo de preparación: 5 minutos

hora de cocinar: 10 minutos

Porciones: 2

Nivel de dificultad: difícil

Ingredientes:

- 2 libras de mejillones vivos frescos
- 1 taza de vino blanco seco
- 1/4 cucharadita de sal marina, fina
- 3 dientes de ajo, picados
- 2 cucharaditas de chalotes, picados
- 1/4 taza de perejil, fresco y picado, dividido
- 2 cucharadas de aceite de oliva
- 1/4 limón, jugo

Instrucciones:

Coge un colador y frota los mejillones enjuagándolos con agua fría. Deseche los mejillones que no cierren si se aplastan y luego use un cuchillo para quitarles la barba.

Retira la olla, colócala a fuego medio-alto y agrega el ajo, las chalotas, el vino y el perejil. Llevar a ebullición. Cuando hierva añadir los mejillones y tapar. Cocine de cinco a siete minutos. Asegúrate de que no se cocinen demasiado.

Utilice una espumadera para retirarlos y agregue el jugo de limón y el aceite de oliva a la sartén. Mezcla bien y vierte el caldo sobre los mejillones antes de servir con perejil.

Nutrición (por 100 g): 345 calorías 9 g de grasa 18 g de carbohidratos 37 g de proteína 693 mg de sodio

salmón al eneldo

Tiempo de preparación: 10 minutos
hora de cocinar: 15 minutos
Porciones: 2
Nivel de dificultad: medio

Ingredientes:

- 2 filetes de salmón de 6 onzas cada uno
- 1 cucharada de aceite de oliva
- 1/2 mandarina, jugo
- 2 cucharaditas de ralladura de naranja
- 2 cucharadas de eneldo, fresco y picado
- Sal marina y pimienta negra al gusto.

Instrucciones:

Configure el horno a 375 grados y luego retire dos trozos de papel de aluminio de diez pulgadas. Frote los filetes con aceite de oliva por ambos lados antes de condimentarlos con sal y pimienta, colocando cada filete sobre un trozo de papel de aluminio.

Vierta jugo de naranja sobre cada uno y decore con ralladura de naranja y eneldo. Dobla el paquete para cerrarlo, asegurándote de que queden dos pulgadas de espacio de aire dentro del papel de aluminio para que se cocine el pescado, y colócalo en una bandeja para hornear.

Hornee durante quince minutos antes de abrir los paquetes y transferirlos a dos platos para servir. Vierta la salsa sobre cada uno antes de servir.

Nutrición (por 100 g): 366 calorías 14 g de grasa 9 g de carbohidratos 36 g de proteína 689 mg de sodio

salmón plano

Tiempo de preparación: 8 minutos
hora de cocinar: 8 minutos
Porciones: 2
Nivel de dificultad: fácil

Ingredientes:

- Salmón, filete 180 gramos
- Limón, 2 rodajas
- Alcaparras, 1 cucharada
- Sal marina y pimienta, 1/8 cucharadita.
- Aceite de oliva virgen extra, 1 cucharada

Instrucciones:

Coloca una sartén limpia a fuego medio para cocinar durante 3 minutos. Pon el aceite de oliva en un plato y cubre el salmón por completo. Cocine el salmón a fuego alto en la sartén.

Cubre el salmón con los ingredientes restantes y voltea para cocinar por cada lado. Observe cuando ambos lados estén dorados. Esto puede tardar entre 3 y 5 minutos por cada lado. Asegúrate de que el salmón esté cocido probándolo con un tenedor.

Servir con rodajas de limón.

Nutrición (por 100 g): 371 Calorías 25,1 g Grasa 0,9 g Carbohidratos 33,7 g Proteína 782 mg Sodio

melodía de atún

Tiempo de preparación: 20 minutos

hora de cocinar: 20 minutos

Porciones: 2

Nivel de dificultad: fácil

Ingredientes:

- Atún, 12 onzas
- Cebolla verde, 1 para decorar
- Pimiento morrón, ¼, picado
- Vinagre, 1 chorrito
- Sal y pimienta para probar
- Aguacates, 1, cortados por la mitad y sin hueso
- yogur griego, 2 cucharadas

Instrucciones:

En un bol mezcla el atún con el vinagre, la cebolla, el yogur, el aguacate y el pimiento.

Agregue los condimentos, mezcle y sirva con guarnición de cebollino.

Nutrición (por 100 g): 294 calorías 19 g de grasa 10 g de carbohidratos 12 g de proteína 836 mg de sodio

queso de mar

Tiempo de preparación: 12 minutos

hora de cocinar: 25 minutos

Porciones: 2

Nivel de dificultad: fácil

Ingredientes:

- Salmón, filete 180 gramos
- Albahaca seca, 1 cucharada
- Queso, 2 cucharadas, rallado
- Tomate, 1, rebanado
- Aceite de oliva virgen extra, 1 cucharada

Instrucciones:

Prepare un horno a 375 F. Extienda una hoja de papel de aluminio sobre una bandeja para hornear y rocíe con aceite de cocina. Transfiera con cuidado el salmón a la bandeja para hornear y cúbralo con los ingredientes restantes.

Deja que el salmón se dore durante 20 minutos. Deje enfriar durante cinco minutos y transfiéralo a una fuente para servir. Verás el relleno en medio del salmón.

Nutrición (por 100 g): 411 Calorías 26,6 g Grasa 1,6 g Carbohidratos 8 g Proteína 822 mg Sodio

filetes saludables

Tiempo de preparación: 10 minutos

hora de cocinar: 20 minutos

Porciones: 2

Nivel de dificultad: fácil

Ingredientes:

- Aceite de oliva, 1 cucharadita
- Filete de fletán, 8 onzas
- Ajo, ½ cucharadita, picado
- Mantequilla, 1 cucharada
- Sal y pimienta para probar

Instrucciones:

Calienta una sartén y agrega el aceite. A fuego medio, dorar los filetes en una sartén, derretir la mantequilla con el ajo, agregar sal y pimienta. Agrega los filetes, mezcla bien y sirve.

Nutrición (por 100 g): 284 Calorías 17 g Grasa 0,2 g Carbohidratos 8 g Proteína 755 mg Sodio

salmón con hierbas

Tiempo de preparación: 8 minutos

hora de cocinar: 18 minutos

Porciones: 2

Nivel de dificultad: fácil

Ingredientes:

- Salmón, 2 filetes sin piel
- Sal gruesa al gusto
- Aceite de oliva virgen extra, 1 cucharada
- Limón, 1, en rodajas
- Romero fresco, 4 ramitas

Instrucciones:

Precalienta el horno a 400F. Coloque el papel de aluminio en una bandeja para hornear y coloque el salmón encima. Cubre el salmón con el resto de los ingredientes y hornea por 20 minutos. Sirva inmediatamente con rodajas de limón.

Nutrición (por 100 g): 257 Calorías 18 g Grasa 2,7 g Carbohidratos 7 g Proteína 836 mg Sodio

Atún ahumado glaseado

Tiempo de preparación: 35 minutos

hora de cocinar: 10 minutos

Porciones: 2

Nivel de dificultad: fácil

Ingredientes:

- Atún, filetes de 120 gramos
- Jugo de naranja, 1 cucharada
- Ajo picado, ½ diente
- Jugo de limón, ½ cucharadita
- Perejil fresco, 1 cucharada, picado
- Salsa de soja, 1 cucharada
- Aceite de oliva virgen extra, 1 cucharada
- Pimienta negra molida, ¼ de cucharadita.
- Orégano, ¼ de cucharadita

Instrucciones:

Elige una ensaladera y añade todos los ingredientes menos el atún. Mezclar bien y agregar el atún a la marinada. Coloca la mezcla en el frigorífico durante media hora. Calienta una parrilla y cocina el atún de cada lado durante 5 minutos. Servir después de cocinar.

Nutrición (por 100 g): 200 Calorías 7,9 g Grasa 0,3 g Carbohidratos 10 g Proteína 734 mg Sodio

Fletán crujiente

Tiempo de preparación: 20 minutos
hora de cocinar: 15 minutos
Porciones: 2
Nivel de dificultad: fácil

Ingredientes:

- perejil
- Eneldo fresco, 2 cucharadas, picado
- Cebollino fresco, 2 cucharadas, picado
- Aceite de oliva, 1 cucharada
- Sal y pimienta para probar
- Fletán, filetes, 6 onzas
- Ralladura de limón, ½ cucharadita, finamente rallada
- yogur griego, 2 cucharadas

Instrucciones:

Precalienta el horno a 400F. Forre una bandeja para hornear con papel de aluminio. Agrega todos los ingredientes a un plato grande y deja marinar los filetes. Enjuague y seque los filetes; Luego mete al horno y cocina por 15 minutos.

Nutrición (por 100 g): 273 Calorías 7,2 g Grasa 0,4 g Carbohidratos 9 g Proteína 783 mg Sodio

Atún En Forma

Tiempo de preparación: 15 minutos

hora de cocinar: 10 minutos

Porciones: 2

Nivel de dificultad: fácil

Ingredientes:

- huevo, ½
- Cebolla, 1 cucharada, picada
- apio
- Sal y pimienta para probar
- Ajo, 1 diente, picado
- atún enlatado, 7 onzas
- yogur griego, 2 cucharadas

Instrucciones:

Escurrir el atún y añadir el huevo y el yogur con ajo, sal y pimienta.

En un bol mezclar esta mezcla con la cebolla y darle forma a las hamburguesas. Toma una sartén grande y dora las hamburguesas durante 3 minutos por cada lado. Escurrir y servir.

Nutrición (por 100 g): 230 calorías 13 g de grasa 0,8 g de carbohidratos 10 g de proteína 866 mg de sodio

Filetes de pescado fresco y caliente

Tiempo de preparación: 14 minutos

hora de cocinar: 14 minutos

Porciones: 2

Nivel de dificultad: fácil

Ingredientes:

- Ajo, 1 diente, picado
- Jugo de limón, 1 cucharada
- Azúcar moreno, 1 cucharada
- Filete de fletán, 1 libra
- Sal y pimienta para probar
- Salsa de soja, ¼ de cucharadita
- Mantequilla, 1 cucharadita
- yogur griego, 2 cucharadas

Instrucciones:

A fuego medio, precalienta la parrilla. Mezcle la mantequilla, el azúcar, el yogur, el jugo de limón, la salsa de soja y las especias en un bol. Calentar la mezcla en una cacerola. Utilice esta mezcla para rociar el bistec mientras se cocina en la parrilla. Servir caliente.

Nutrición (por 100 g): 412 calorías 19,4 g de grasa 7,6 g de carbohidratos 11 g de proteína 788 mg de sodio

Mejillones O'Marine

Tiempo de preparación: 20 minutos

hora de cocinar: 10 minutos

Porciones: 2

Nivel de dificultad: fácil

Ingredientes:

- Mejillones, limpios y pelados, 1 libra
- Leche de coco, ½ taza
- Pimienta de cayena, 1 cucharadita
- Jugo de limón fresco, 1 cucharada
- Ajo, 1 cucharadita, picado
- Cilantro recién picado para decorar
- Azúcar moreno, 1 cucharadita

Instrucciones:

Mezclar todos los ingredientes en un cazo, excepto los mejillones. Calentar la mezcla y llevar a ebullición. Agrega los mejillones y cocina por 10 minutos. Servir en un plato con el líquido hervido.

Nutrición (por 100 g): 483 Calorías 24,4 g Grasa 21,6 g Carbohidratos 1,2 g Proteína 499 mg Sodio

Asado de ternera mediterráneo en olla de cocción lenta

Tiempo de preparación: 10 minutos
hora de cocinar: 10 horas y 10 minutos
Porciones: 6
Nivel de dificultad: medio

Ingredientes:

- 3 libras de Chuck Roast, deshuesado
- 2 cucharaditas de romero
- ½ taza de tomates secados al sol, picados
- 10 dientes de ajo rallados
- ½ taza de caldo de res
- 2 cucharadas de vinagre balsámico
- ¼ de taza de perejil italiano fresco picado
- ¼ taza de aceitunas picadas
- 1 cucharadita de ralladura de limón
- ¼ taza de sémola de queso

Instrucciones:

En la sartén colocar el ajo, los tomates secos y el rosbif. Agrega el caldo de res y el romero. Cerrar el fuego y cocinar a fuego lento durante 10 horas.

Después de cocinar, retire la carne y desmenúcela. Deseche la grasa. Regrese la carne desmenuzada a la sartén y cocine por 10 minutos. En un tazón pequeño, combine la ralladura de limón, el perejil y las aceitunas. Refrigere la mezcla hasta que esté lista para servir. Adorne con la mezcla enfriada.

Sirva sobre pasta o fideos de huevo. Cubrir con sémola de queso.

Nutrición (por 100 g): 314 calorías 19 g de grasa 1 g de carbohidratos 32 g de proteína 778 mg de sodio

Carne mediterránea de cocción lenta con alcachofas

tiempo de instalación: 3 horas y 20 minutos

hora de cocinar: 7 horas y 8 minutos

Porciones: 6

Nivel de dificultad: fácil

Ingredientes:

- 2 libras de carne de res para guiso
- 14 onzas de corazones de alcachofa
- 1 cucharada de aceite de semilla de uva
- 1 cebolla, en cubitos
- 32 onzas de caldo de res
- 4 dientes de ajo rallados
- 14½ onzas de tomates enlatados, cortados en cubitos
- 15 onzas de salsa de tomate
- 1 cucharadita de orégano seco
- ½ taza de aceitunas deshuesadas picadas
- 1 cucharadita de perejil seco
- 1 cucharadita de orégano seco
- ½ cucharadita de comino en polvo
- 1 cucharadita de albahaca seca
- 1 hoja de laurel
- ½ cucharadita de sal

Instrucciones:

En una sartén antiadherente grande, agrega un poco de aceite y calienta a fuego medio-alto. Ase la carne hasta que se dore por ambos lados. Transfiera la carne a una olla de cocción lenta.

Agrega el caldo de carne, los tomates cortados en cubitos, la salsa de tomate, la sal y mezcla. Vierta el caldo de carne, los tomates cortados en cubitos, el orégano, las aceitunas, la albahaca, el perejil, el laurel y el comino. Mezclar la mezcla por completo.

Cerrar y cocinar a fuego lento durante 7 horas. Deseche la hoja de laurel al servir. Servir caliente.

Nutrición (por 100 g): 416 Calorías 5 g Grasa 14,1 g Carbohidratos 29,9 g Proteína 811 mg Sodio

Olla de cocción lenta magra Olla de cocción lenta estilo mediterráneo

Tiempo de preparación: 30 minutos
Tiempo de cocción: 8 horas
Porciones: 10
Nivel de dificultad: difícil

Ingredientes:

- 4 libras de ojo de asado redondo
- 4 dientes de ajo
- 2 cucharaditas de aceite de oliva
- 1 cucharadita de pimienta negra recién molida
- 1 taza de cebollas picadas
- 4 zanahorias picadas
- 2 cucharaditas de romero seco
- 2 tallos de apio, picados
- 28 onzas de tomates triturados enlatados
- 1 taza de caldo de res bajo en sodio
- 1 vaso de vino tinto
- 2 cucharaditas de sal

Instrucciones:

Sazone el asado con sal, ajo y pimienta y reserve. Vierte el aceite en una sartén antiadherente y calienta a fuego medio-alto. Coloque la carne y ase hasta que se dore por todos lados. Ahora transfiera el rosbif a una olla de cocción lenta de 6 cuartos. Agrega las zanahorias, las cebollas, el romero y el apio a la sartén. Continúe cocinando hasta que la cebolla y las verduras estén tiernas.

Agrega los tomates y el vino a esta mezcla de verduras. Agrega la mezcla de caldo de res y tomate a la olla de cocción lenta con la mezcla de verduras. Cerrar y cocinar a fuego lento durante 8 horas.

Una vez que la carne esté cocida, retírala de la olla de cocción lenta, colócala sobre una tabla de cortar y envuélvela en papel de aluminio. Para espesar la salsa, transfiérala a una cacerola y hierva a fuego lento hasta alcanzar la consistencia deseada. Deseche las grasas antes de servir.

Nutrición (por 100 g): 260 Calorías 6 g Grasa 8,7 g Carbohidratos 37,6 g Proteína 588 mg Sodio

Pastel de carne en olla de cocción lenta

Tiempo de preparación: 10 minutos

hora de cocinar: 6 horas y 10 minutos

Porciones: 8

Nivel de dificultad: medio

Ingredientes:

- 2 libras de bisonte terrestre
- 1 calabacín rallado
- 2 huevos grandes
- Rocíe aceite de oliva según sea necesario
- 1 calabacín picado
- ½ taza de perejil fresco, finamente picado
- ½ taza de parmesano rallado
- 3 cucharadas de vinagre balsámico
- 4 dientes de ajo rallados
- 2 cucharadas de cebolla picada
- 1 cucharada de orégano seco
- ½ cucharadita de pimienta negra molida
- ½ cucharadita de sal kosher
- Hacia el techo:
- ¼ taza de queso mozzarella rallado
- ¼ taza de salsa de tomate sin azúcar
- ¼ taza de perejil recién picado

Instrucciones:

Cubra el interior de una olla de cocción lenta de seis cuartos con papel de aluminio. Rocíelo con aceite de cocina antiadherente.

En un tazón grande, combine bisonte molido o solomillo extrafino, calabacín, huevos, perejil, vinagre balsámico, ajo, orégano seco, sal marina o kosher, cebolla seca picada y pimienta negra molida.

Coloque esta mezcla en la olla de cocción lenta y forme una hogaza alargada. Tapar el fuego, llevar a fuego lento y cocinar durante 6 horas. Después de cocinar, abre la estufa y esparce el ketchup por todo el pastel de carne.

Ahora coloca el queso encima del ketchup como una nueva capa y cierra la olla de cocción lenta. Deja reposar el pastel de carne sobre estas dos capas durante unos 10 minutos o hasta que el queso comience a derretirse. Adorne con perejil fresco y mozzarella rallada.

Nutrición (por 100 g): 320 calorías 2 g de grasa 4 g de carbohidratos 26 g de proteína 681 mg de sodio

Trozos de carne mediterránea en olla de cocción lenta

Tiempo de preparación: 10 minutos
Tiempo de cocción: 13 horas
Porciones: 6
Nivel de dificultad: medio

Ingredientes:

- 3 libras de carne asada magra
- ½ cucharadita de cebolla en polvo
- ½ cucharadita de pimienta negra
- 3 tazas de caldo de res bajo en sodio
- 4 cucharaditas de vinagreta
- 1 hoja de laurel
- 1 cucharada de ajo picado
- 2 pimientos rojos, cortados en tiras finas
- 16 onzas de pepperoncino
- 8 rebanadas de Provolone Sargento, finas
- 2 onzas de pan sin gluten
- ½ cucharadita de sal
- <u>Estación:</u>
- 1½ cucharadas de cebolla en polvo
- 1 ½ cucharada de ajo en polvo
- 2 cucharadas de perejil seco

- 1 cucharada de stevia
- ½ cucharadita de tomillo seco
- 1 cucharada de orégano seco
- 2 cucharadas de pimienta negra
- 1 cucharada de sal
- 6 rebanadas de queso

Instrucciones:

Seque el asado con una toalla de papel. Combine la pimienta negra, la cebolla en polvo y la sal en un tazón pequeño y frote la mezcla sobre el asado. Coloque el asado sazonado en una olla de cocción lenta.

Agregue el caldo, la mezcla de aderezo, la hoja de laurel y el ajo a la olla de cocción lenta. Mézclalo suavemente. Cerrar y colocar a fuego lento durante 12 horas. Después de cocinar, retire la hoja de laurel.

Retire la carne cocida y desmenúcela. Devolver la carne desmenuzada y agregar los pimientos y. Coloque el pimiento morrón y el pepperoncino en una olla de cocción lenta. Tapa la estufa y cocina a fuego lento durante 1 hora. Antes de servir, adorna cada panecillo con 85 gramos de la mezcla de carne. Cubrir con una rodaja de queso. La salsa líquida se puede utilizar como salsa.

Nutrición (por 100 g): 442 Calorías 11,5 g Grasa 37 g Carbohidratos 49 g Proteína 735 mg Sodio

Cerdo asado mediterráneo

Tiempo de preparación: 10 minutos

hora de cocinar: 8 horas y 10 minutos

Porciones: 6

Nivel de dificultad: medio

Ingredientes:

- 2 cucharadas de aceite de oliva
- 2 libras de cerdo asado
- ½ cucharadita de pimentón
- ¾ taza de caldo de pollo
- 2 cucharaditas de salvia seca
- ½ cucharada de ajo picado
- ¼ cucharadita de mejorana seca
- ¼ cucharadita de romero seco
- 1 cucharadita de orégano
- ¼ cucharadita de tomillo seco
- 1 cucharadita de albahaca
- ¼ de cucharadita de sal kosher

Instrucciones:

En un tazón pequeño, combine el caldo, el aceite, la sal y las especias. En una sartén, vierte el aceite de oliva y calienta a fuego medio-alto. Agregue la carne de cerdo y ase hasta que todos los lados estén dorados.

Retire el cerdo después de cocinarlo y pinche todo el asado con un cuchillo. Coloque el asado de cerdo molido en una olla de cocción lenta de 6 cuartos. Ahora vierte el líquido del tazón pequeño sobre el asado.

Cerrar la cazuela de barro y cocinar a fuego lento durante 8 horas. Después de cocinarlo, sácalo de la cazuela de barro, colócalo sobre una tabla de cortar y rómpelo en pedazos. Luego regrese la carne de cerdo desmenuzada a la olla de cocción lenta. Cocine por otros 10 minutos. Sirva con queso feta, pan plano y tomates.

Nutrición (por 100 g): 361 Calorías 10,4 g Grasa 0,7 g Carbohidratos 43,8 g Proteína 980 mg Sodio

pizza de carne

Tiempo de preparación: 20 minutos
hora de cocinar: 50 minutos
Porciones: 10
Nivel de dificultad: difícil

Ingredientes:

- Para la corteza:
- 3 tazas de harina para todo uso
- 1 cucharada de azúcar
- 2¼ cucharaditas de levadura seca activa
- 1 cucharadita de sal
- 2 cucharadas de aceite de oliva
- 1 taza de agua caliente
- Para la portada:
- 1 kilo de carne molida
- 1 cebolla mediana, picada
- 2 cucharadas de pasta de tomate
- 1 cucharada de comino molido
- Sal y pimienta negra molida, si es necesario
- ¼ de taza de agua
- 1 taza de espinacas frescas picadas
- 8 onzas de corazones de alcachofa, divididos en cuartos
- 4 onzas de champiñones frescos, rebanados

- 2 tomates picados
- 4 onzas de queso feta, desmenuzado

Instrucciones:

Para la corteza:

Batir la harina, el azúcar, la levadura y la sal en una batidora de pie, utilizando el gancho para masa. Agrega 2 cucharadas de aceite y agua tibia y amasa hasta tener una masa suave y elástica.

Forma una bola con la masa y déjala reposar unos 15 minutos.

Coloque la masa sobre una superficie ligeramente enharinada y enrolle formando un círculo. Coloque la masa en un molde para pizza redondo ligeramente engrasado y presione suavemente para que encaje. Reservar durante unos 10-15 minutos. Untar la base con un poco de aceite. Precaliente el horno a 400 grados F.

Para la portada:

Freír la carne en una sartén antiadherente a fuego medio-alto durante unos 4-5 minutos. Agrega la cebolla y cocina por unos 5 minutos, revolviendo constantemente. Agrega la pasta de tomate, el comino, la sal, la pimienta negra y el agua y mezcla bien.

Ponga el fuego a medio y cocine durante unos 5 a 10 minutos. Retirar del fuego y dejar de lado. Vierta la mezcla de carne sobre la base de la pizza y cubra con las espinacas, seguidas de las alcachofas, los champiñones, los tomates y el queso feta.

Cocine hasta que el queso se derrita. Retirar del horno y dejar reposar durante unos 3 a 5 minutos antes de cortar. Cortar en rodajas del tamaño deseado y servir.

Nutrición (por 100 g): 309 Calorías 8,7 g Grasa 3,7 g Carbohidratos 3,3 g Proteína 732 mg Sodio

Albóndigas de ternera y bulgur

Tiempo de preparación: 20 minutos

hora de cocinar: 28 minutos

Porciones: 6

Nivel de dificultad: medio

Ingredientes:

- ¾ taza de bulgur crudo
- 1 kilo de carne molida
- ¼ de taza de chalotes, picados
- ¼ taza de perejil fresco picado
- ½ cucharadita de pimienta de Jamaica molida
- ½ cucharadita de comino molido
- ½ cucharadita de canela en polvo
- ¼ de cucharadita de hojuelas de pimiento rojo, trituradas
- Sal según sea necesario
- 1 cucharada de aceite de oliva

Instrucciones:

En un recipiente grande con agua fría, remoje el bulgur durante unos 30 minutos. Escurrir bien el trigo y luego exprimir con las manos para eliminar el exceso de agua. En un procesador de alimentos, agregue el bulgur, la carne, las chalotas, el perejil, las especias, la sal y mezcle hasta que quede suave.

Coloque la mezcla en un bol y refrigere, tapado, durante unos 30 minutos. Retirar del frigorífico y formar bolitas del mismo tamaño con la mezcla de carne. En una sartén antiadherente grande, caliente el aceite a fuego medio-alto y cocine las albóndigas en 2 tandas durante aproximadamente 13 a 14 minutos, volteándolas con frecuencia. Sírvelo caliente.

Nutrición (por 100 g): 228 Calorías 7,4 g Grasa 0,1 g Carbohidratos 3,5 g Proteína 766 mg Sodio

Sabrosa carne y brócoli

Tiempo de preparación: 10 minutos
hora de cocinar: 15 minutos
Porciones: 4
Nivel de dificultad: fácil

Ingredientes:

- 1 libra y ½. Filete de flanco
- 1 cucharada. aceite
- 1 cucharada. salsa tamari
- 1 taza de caldo de res
- 1 libra de brócoli, con los floretes separados

Instrucciones:

Mezcle las tiras de bistec con el aceite y el tamari, mezcle y reserve por 10 minutos. Configure su olla instantánea en modo salteado, coloque las tiras de carne y dórelas durante 4 minutos por cada lado. Agrega el caldo, tapa nuevamente la cacerola y cocina a fuego alto durante 8 minutos. Agrega el brócoli, tapa y cocina a fuego alto por otros 4 minutos. Divida todo entre platos y sirva. ¡Agradecer!

Nutrición (por 100 g): 312 calorías 5 g de grasa 20 g de carbohidratos 4 g de proteína 694 mg de sodio

chile de elote con carne

Tiempo de preparación: 8-10 minutos

hora de cocinar: 30 minutos

Porciones: 8

Nivel de dificultad: medio

Ingredientes:

- 2 cebollas pequeñas picadas (finamente)
- ¼ taza de maíz enlatado
- 1 cucharada de aceite
- 10 onzas de carne molida magra
- 2 pimientos pequeños, picados

Instrucciones:

Enciende la olla instantánea. Haga clic en "SALTAR". Vierta el aceite y agregue la cebolla, el ají y la carne; cocine hasta que esté transparente y suave. Vierte las 3 tazas de agua en la cacerola; mezclar bien.

Cierra la tapa. Seleccione "CARNE/GUISO". Configure el cronómetro en 20 minutos. Déjalo cocinar hasta que se detenga el cronómetro.

Haga clic en "CANCELAR" y luego en "NPR" para liberar la presión natural durante aproximadamente 8 a 10 minutos. Abra y coloque el plato en platos para servir. Atender.

Nutrición (por 100 g): 94 calorías 5 g de grasa 2 g de carbohidratos 7 g de proteína 477 mg de sodio

plato de carne balsámico

Tiempo de preparación: 5 minutos
hora de cocinar: 55 minutos
Porciones: 8
Nivel de dificultad: medio

Ingredientes:

- 3 libras de carne asada
- 3 dientes de ajo, en rodajas finas
- 1 cucharada de aceite
- 1 cucharadita de vinagre aromatizado
- ½ cucharadita de pimienta
- ½ cucharadita de romero
- 1 cucharada de mantequilla
- ½ cucharadita de tomillo
- ¼ de taza de vinagre balsámico
- 1 taza de caldo de res

Instrucciones:

Cortar las rodajas en asados y rellenar con láminas de ajo. Mezcle el vinagre aromatizado, el romero, la pimienta y el tomillo y frote la mezcla sobre el asado. Seleccione la sartén para saltear y mezcle el aceite en ella, deje que el aceite se caliente. Cocine ambos lados del asado.

Retíralo y resérvalo. Agrega la mantequilla, el caldo, el vinagre balsámico y retira el glaseado de la sartén. Vuelva a asar y cierre la tapa, luego cocine a ALTA presión durante 40 minutos.

Realice una liberación rápida. ¡Atender!

Nutrición (por 100 g): 393 calorías 15 g de grasa 25 g de carbohidratos 37 g de proteína 870 mg de sodio

Salsa de soja de rosbif

Tiempo de preparación: 8 minutos

hora de cocinar: 35 minutos

Porciones: 2-3

Nivel de dificultad: medio

Ingredientes:

- ½ cucharadita de caldo de res
- 1 ½ cucharadita de romero
- ½ cucharadita de ajo picado
- 2 libras de carne asada
- 1/3 taza de salsa de soja

Instrucciones:

Combine la salsa de soja, el caldo, el romero y el ajo en un bol.

Enciende tu olla instantánea. Coloque el asado y vierta suficiente agua para cubrir el asado; revuelva suavemente para combinar. Sellar bien.

Haga clic en la función de cocción "CARNE/GUISO"; establezca el nivel de presión en "ALTO" y establezca el tiempo de cocción en 35 minutos. Deje que aumente la presión para cocinar los ingredientes. Una vez hecho esto, haga clic en la configuración "CANCELAR" y haga clic en la función de cocción "NPR" para liberar la presión de forma natural.

Abre lentamente la tapa y desmenuza la carne. Mezcle la carne desmenuzada con la tierra para macetas y mezcle bien. Transfiera a recipientes para servir. Sírvelo caliente.

Nutrición (por 100 g): 423 calorías 14 g de grasa 12 g de carbohidratos 21 g de proteína 884 mg de sodio

Asado De Carne De Alecrim

Tiempo de preparación: 5 minutos

hora de cocinar: 45 minutos

Porciones: 5-6

Nivel de dificultad: medio

Ingredientes:

- 3 libras de carne asada
- 3 dientes de ajo
- ¼ de taza de vinagre balsámico
- 1 ramita de romero fresco
- 1 ramita de tomillo fresco
- 1 taza de agua
- 1 cucharada de aceite vegetal
- Sal y pimienta para probar

Instrucciones:

Picar las rodajas de rosbif y colocar encima los dientes de ajo. Frote el asado con las hierbas, la pimienta negra y la sal. Precalienta tu Instant Pot usando la opción de saltear y vierte el aceite. Cuando esté caliente, agregue el rosbif y cocine rápidamente hasta que se dore por todos lados. Agrega los ingredientes restantes; revuelva suavemente.

Cierra bien y cocina a fuego alto durante 40 minutos en modo manual. Deje que la presión se libere naturalmente, aproximadamente 10 minutos. Destape y coloque la carne asada en platos para servir, corte en rodajas y sirva.

Nutrición (por 100 g): 542 Calorías 11,2 g Grasa 8,7 g Carbohidratos 55,2 g Proteína 710 mg Sodio

Chuletas de cerdo y salsa de tomate

Tiempo de preparación: 10 minutos

hora de cocinar: 20 minutos

Porciones: 4

Nivel de dificultad: fácil

Ingredientes:

- 4 chuletas de cerdo deshuesadas
- 1 cucharada de salsa de soja
- ¼ cucharadita de aceite de sésamo
- 1 y ½ tazas de pasta de tomate
- 1 cebolla amarilla
- 8 champiñones en rodajas

Instrucciones:

En un bol, combine las chuletas de cerdo con la salsa de soja y el aceite de sésamo, mezcle y reserve durante 10 minutos. Configure su olla instantánea en modo salteado, agregue las chuletas de cerdo y dore durante 5 minutos por cada lado. Agrega la cebolla y cocina por 1-2 minutos más. Agrega la pasta de tomate y los champiñones, mezcla, tapa y cocina a fuego alto durante 8 a 9 minutos. Divida todo entre platos y sirva. ¡Agradecer!

Nutrición (por 100 g): 300 calorías 7 g de grasa 18 g de carbohidratos 4 g de proteína 801 mg de sodio

Pollo con salsa de alcaparras

Tiempo de preparación: 10 minutos

hora de cocinar: 18 minutos

Porciones: 5

Nivel de dificultad: difícil

Ingredientes:

- Para el pollo:
- 2 huevos
- Sal y pimienta negra molida, si es necesario
- 1 taza de pan rallado seco
- 2 cucharadas de aceite de oliva
- Una libra de pechuga de pollo deshuesada y sin piel, desmenuzada hasta alcanzar un grosor de ¾ de pulgada y cortada en trozos
- Para la salsa de alcaparras:
- 3 cucharadas de alcaparras
- ½ taza de vino blanco seco
- 3 cucharadas de jugo de limón fresco
- Sal y pimienta negra molida, si es necesario
- 2 cucharadas de perejil fresco, picado

Instrucciones:

Para el pollo: En un plato llano, agrega los huevos, la sal y la pimienta negra y bate hasta que estén bien incorporados. En otro plato hondo colocamos el pan rallado. Sumerja los trozos de pollo en la mezcla de huevo y cúbralos uniformemente con pan rallado. Sacuda el exceso de pan rallado.

Cocine el aceite a fuego medio y cocine los trozos de pollo durante unos 5-7 minutos por cada lado o hasta que estén cocidos como desee. Con una espumadera, coloca los trozos de pollo en un plato forrado con papel absorbente. Con un trozo de papel de aluminio cubre los trozos de pollo para mantenerlos calientes.

En la misma sartén, añade todos los ingredientes de la salsa excepto el perejil y cocina durante unos 2-3 minutos, revolviendo continuamente. Agrega el perejil y retira del fuego. Sirve los trozos de pollo cubiertos con la salsa de alcaparras.

Nutrición (por 100 g): 352 Calorías 13,5 g Grasa 1,9 g Carbohidratos 1,2 g Proteína 741 mg Sodio

Hamburguesas De Pavo Con Salsa De Mango

Tiempo de preparación: 15 minutos
hora de cocinar: 10 minutos
Porciones: 6
Nivel de dificultad: fácil

Ingredientes:

- 1 ½ libras de pechuga de pavo molida
- 1 cucharadita de sal marina, dividida
- ¼ de cucharadita de pimienta negra recién molida
- 2 cucharadas de aceite de oliva virgen extra
- 2 mangos, pelados, sin hueso y cortados en cubitos
- ½ cebolla morada, picada
- jugo de 1 limon
- 1 diente de ajo, picado
- ½ chile jalapeño, sin semillas y finamente picado
- 2 cucharadas de hojas de cilantro fresco picado

Instrucciones:

Forme 4 hamburguesas con pechuga de pavo y sazone con ½ cucharadita de sal marina y pimienta. Cocine el aceite en una sartén antiadherente hasta que comience a brillar. Agregue las hamburguesas de pavo y cocine durante unos 5 minutos por cada lado hasta que estén doradas. Mientras se cocinan las hamburguesas, combine el mango, la cebolla morada, el jugo de limón, el ajo, el jalapeño, el cilantro y la ½ cucharadita de sal marina restante en un tazón pequeño. Vierta la salsa sobre las hamburguesas de pavo y sirva.

Nutrición (por 100 g): 384 calorías 3 g de grasa 27 g de carbohidratos 34 g de proteína 692 mg de sodio

Pechuga De Pavo Asada Con Hierbas

Tiempo de preparación: 15 minutos

hora de cocinar: 1h30 (más 20 minutos de descanso)

Porciones: 6

Nivel de dificultad: medio

Ingredientes:

- 2 cucharadas de aceite de oliva virgen extra
- 4 dientes de ajo, picados
- Ralladura de 1 limón
- 1 cucharada de hojas de tomillo fresco picado
- 1 cucharada de hojas de romero frescas picadas
- 2 cucharadas de hojas frescas de perejil italiano
- 1 cucharadita de mostaza molida
- 1 cucharadita de sal marina
- ¼ de cucharadita de pimienta negra recién molida
- 1 (6 libras) de pechuga de pavo con piel y hueso
- 1 taza de vino blanco seco

Instrucciones:

Precaliente el horno a 325 ° F. Combine el aceite de oliva, el ajo, la ralladura de limón, el tomillo, el romero, el perejil, la mostaza, la sal marina y la pimienta. Cepille la mezcla de hierbas uniformemente sobre la superficie de la pechuga de pavo, afloje la piel y frote también por debajo. Coloque la pechuga de pavo en una fuente para asar sobre una rejilla, con la piel hacia arriba.

Vierte el vino en la cacerola. Ase durante 1 a 1 1/2 horas hasta que el pavo alcance una temperatura interna de 165 grados F. Retírelo del horno y colóquelo por separado durante 20 minutos, cubierto con papel de aluminio para mantenerlo caliente, antes de cortarlo.

Nutrición (por 100 g): 392 calorías 1 g de grasa 2 g de carbohidratos 84 g de proteína 741 mg de sodio

Salchicha De Pollo Y Pimientos

Tiempo de preparación: 10 minutos
hora de cocinar: 20 minutos
Porciones: 6
Nivel de dificultad: medio

Ingredientes:

- 2 cucharadas de aceite de oliva virgen extra
- 6 salchichas de pollo italianas
- 1 cebolla
- 1 pimiento rojo
- 1 pimiento verde
- 3 dientes de ajo, picados
- ½ taza de vino blanco seco
- ½ cucharadita de sal marina
- ¼ de cucharadita de pimienta negra recién molida
- Recoge las hojuelas de pimiento rojo.

Instrucciones:

Cocine el aceite en una sartén grande hasta que comience a brillar. Agregue la salchicha y cocine de 5 a 7 minutos, volteándola ocasionalmente, hasta que se dore y alcance una temperatura interna de 165 ° F. Con unas pinzas, retire la salchicha de la sartén y déjela a un lado en un plato forrado con papel de aluminio para mantenerla caliente. .

Regrese la sartén al fuego y agregue la cebolla, el pimiento rojo y el pimiento verde. Cocine y revuelva ocasionalmente, hasta que las verduras comiencen a dorarse. Agrega el ajo y cocina por 30 segundos, revolviendo constantemente.

Agregue el vino, la sal marina, la pimienta y las hojuelas de pimiento rojo. Retire y agregue los trozos dorados del fondo de la sartén. Cocine unos 4 minutos más, revolviendo, hasta que el líquido se reduzca a la mitad. Espolvorea los pimientos sobre las salchichas y sirve.

Nutrición (por 100 g): 173 calorías 1 g de grasa 6 g de carbohidratos 22 g de proteína 582 mg de sodio

Pollo picado

Tiempo de preparación: 10 minutos

hora de cocinar: 15 minutos

Porciones: 6

Nivel de dificultad: medio

Ingredientes:

- ½ taza de harina integral
- ½ cucharadita de sal marina
- 1/8 cucharadita de pimienta negra recién molida
- 1 ½ libras de pechuga de pollo, cortada en 6 trozos
- 3 cucharadas de aceite de oliva virgen extra
- 1 taza de caldo de pollo sin sal
- ½ taza de vino blanco seco
- jugo de 1 limon
- Ralladura de 1 limón
- ¼ de taza de alcaparras, escurridas y enjuagadas
- ¼ taza de hojas de perejil fresco picado

Instrucciones:

En un plato hondo, mezcle la harina, la sal marina y la pimienta. Espolvorea el pollo con harina y sacude el exceso. Cocine el aceite hasta que comience a hervir a fuego lento.

Coloca el pollo y cocina durante unos 4 minutos por cada lado hasta que esté dorado. Retire el pollo de la sartén y déjelo a un lado, forrado con papel de aluminio para mantenerlo caliente.

Regrese la sartén al fuego y agregue el caldo, el vino, el jugo de limón, la ralladura de limón y las alcaparras. Use el costado de una cuchara y agregue los trozos dorados del fondo de la sartén. Cocine hasta que el líquido espese. Retire la sartén del fuego y devuelva el pollo a la sartén. Voltear para cubrir. Agrega el perejil y sirve.

Nutrición (por 100 g): 153 calorías 2 g de grasa 9 g de carbohidratos 8 g de proteína 692 mg de sodio

pollo toscano

Tiempo de preparación: 10 minutos
hora de cocinar: 25 minutos
Porciones: 6
Nivel de dificultad: difícil

Ingredientes:

- ¼ de taza de aceite de oliva virgen extra, cantidad dividida
- Una libra de pechugas de pollo deshuesadas y sin piel, cortadas en trozos de ¾ de pulgada
- 1 cebolla picada
- 1 pimiento rojo picado
- 3 dientes de ajo, picados
- ½ taza de vino blanco seco
- 1 lata (14 onzas) de tomates triturados, sin escurrir
- 1 lata de tomates triturados, escurridos
- 1 lata (14 onzas) de frijoles blancos, escurridos
- 1 cucharada de condimento italiano seco
- ½ cucharadita de sal marina
- 1/8 cucharadita de pimienta negra recién molida
- 1/8 cucharadita de hojuelas de pimiento rojo
- ¼ de taza de hojas de albahaca fresca picadas

Instrucciones:

Cocine 2 cucharadas de aceite de oliva hasta que comience a brillar. Agregue el pollo y cocine hasta que se dore. Retire el pollo de la sartén y déjelo a un lado en una fuente forrada con papel de aluminio para mantenerlo caliente.

Regresa la sartén al fuego y calienta el aceite restante. Agrega la cebolla y el pimiento rojo. Cocine y revuelva ocasionalmente hasta que las verduras estén tiernas. Agrega el ajo y cocina por 30 segundos, revolviendo constantemente.

Agrega el vino y usa el costado de la cuchara para quitar los trozos dorados del fondo de la sartén. Cocine por 1 minuto, revolviendo.

Agregue los tomates triturados y picados, los frijoles blancos, el condimento italiano, la sal marina, la pimienta y las hojuelas de pimiento rojo. Déjalo hervir. Cocine por 5 minutos, revolviendo ocasionalmente.

Devuelve el pollo y el jugo acumulado a la sartén. Cocine hasta que el pollo esté bien cocido. Retire del fuego y agregue la albahaca antes de servir.

Nutrición (por 100 g): 271 calorías 8 g de grasa 29 g de carbohidratos 14 g de proteína 596 mg de sodio

pollo kapama

Tiempo de preparación: 10 minutos
Tiempo de cocción: 2 horas
Porciones: 4
Nivel de dificultad: medio

Ingredientes:

- 1 lata (32 onzas) de tomates picados, escurridos
- ¼ de taza de vino blanco seco
- 2 cucharadas de pasta de tomate
- 3 cucharadas de aceite de oliva virgen extra
- ¼ cucharadita de hojuelas de pimiento rojo
- 1 cucharadita de pimienta de Jamaica molida
- ½ cucharadita de orégano seco
- 2 dientes enteros
- 1 rama de canela
- ½ cucharadita de sal marina
- 1/8 cucharadita de pimienta negra recién molida
- 4 mitades de pechuga de pollo deshuesadas y sin piel

Instrucciones:

Combine los tomates, el vino, la pasta de tomate, el aceite de oliva, las hojuelas de pimiento rojo, la pimienta de Jamaica, el orégano, el clavo, la rama de canela, la sal marina y la pimienta en una cacerola grande. Llevar a ebullición, revolviendo ocasionalmente. Cocine a fuego lento durante 30 minutos, revolviendo ocasionalmente. Retirar y desechar todos los clavos y la rama de canela de la salsa y dejar enfriar.

Precaliente el horno a 350 ° F. Coloque el pollo en una fuente para hornear de 9x13 pulgadas. Vierta la salsa sobre el pollo y cubra la sartén con papel de aluminio. Continúe cocinando hasta alcanzar una temperatura interna de 165°F.

Nutrición (por 100 g): 220 calorías 3 g de grasa 11 g de carbohidratos 8 g de proteína 923 mg de sodio

Pechuga de pollo rellena de espinacas y queso feta

Tiempo de preparación: 10 minutos
hora de cocinar: 45 minutos
Porciones: 4
Nivel de dificultad: medio

Ingredientes:

- 2 cucharadas de aceite de oliva virgen extra
- 1 libra de espinacas frescas
- 3 dientes de ajo, picados
- Ralladura de 1 limón
- ½ cucharadita de sal marina
- 1/8 cucharadita de pimienta negra recién molida
- ½ taza de queso feta desmenuzado
- 4 pechugas de pollo deshuesadas y sin piel

Instrucciones:

Precalienta el horno a 350 ° F. Cocine el aceite de oliva a fuego medio hasta que comience a brillar. Agrega las espinacas. Continúe cocinando y revolviendo hasta que se ablanden.

Agregue el ajo, la ralladura de limón, la sal marina y la pimienta. Cocine por 30 segundos, revolviendo constantemente. Dejar enfriar un poco y mezclar con el queso.

Extienda la mezcla de espinacas y queso en una capa uniforme sobre los trozos de pollo y envuelva la pechuga alrededor del relleno. Asegúrelo con palillos de dientes o hilo de carnicero. Coloque las pechugas en una fuente para hornear de 9x13 pulgadas y hornee durante 30 a 40 minutos o hasta que el pollo tenga una temperatura interna de 165 ° F. Retírelo del horno y déjelo reposar durante 5 minutos antes de cortarlo y servir.

Nutrición (por 100 g): 263 calorías 3 g de grasa 7 g de carbohidratos 17 g de proteína 639 mg de sodio

Muslos de pollo asados con romero

Tiempo de preparación: 5 minutos

Tiempo de cocción: 1 hora

Porciones: 6

Nivel de dificultad: fácil

Ingredientes:

- 2 cucharadas de hojas de romero frescas picadas
- 1 cucharadita de ajo en polvo
- ½ cucharadita de sal marina
- 1/8 cucharadita de pimienta negra recién molida
- Ralladura de 1 limón
- 12 muslos de pollo

Instrucciones:

Precaliente el horno a 350 ° F. Agregue el romero, el ajo en polvo, la sal marina, la pimienta y la ralladura de limón.

Coloque las baquetas en una fuente para hornear de 9x13 pulgadas y espolvoree con la mezcla de romero. Ase hasta que el pollo alcance una temperatura interna de 165°F.

Nutrición (por 100 g): 163 calorías 1 g de grasa 2 g de carbohidratos 26 g de proteína 633 mg de sodio

Pollo con cebolla, patatas, higos y zanahorias.

Tiempo de preparación: 5 minutos
hora de cocinar: 45 minutos
Porciones: 4
Nivel de dificultad: medio

Ingredientes:

- 2 tazas de papas alevines, cortadas por la mitad
- 4 higos frescos, cortados en cuartos
- 2 zanahorias, en juliana
- 2 cucharadas de aceite de oliva virgen extra
- 1 cucharadita de sal marina, dividida
- ¼ de cucharadita de pimienta negra recién molida
- 4 cuartos de muslo de pollo
- 2 cucharadas de hojas de perejil fresco picado

Instrucciones:

Precaliente el horno a 425 ° F. En un tazón pequeño, mezcle las papas, los higos y las zanahorias con el aceite de oliva, ½ cucharadita de sal marina y pimienta. Extienda en una fuente para hornear de 9x13 pulgadas.

Sazone el pollo con la sal marina restante. Colocar sobre las verduras. Ase hasta que las verduras estén tiernas y el pollo alcance una temperatura interna de 165 ° F. Espolvoree con perejil y sirva.

Nutrición (por 100 g): 429 calorías 4 g de grasa 27 g de carbohidratos 52 g de proteína 581 mg de sodio

Giros de pollo con tzatziki

Tiempo de preparación: 15 minutos

hora de cocinar: 1 hora y 20 minutos

Porciones: 6

Nivel de dificultad: medio

Ingredientes:

- Pechuga De Pollo Media Libra
- 1 cebolla rallada y exprimida el exceso de agua
- 2 cucharadas de romero seco
- 1 cucharada de mejorana seca
- 6 dientes de ajo, picados
- ½ cucharadita de sal marina
- ¼ de cucharadita de pimienta negra recién molida
- Salsa tzatziki

Instrucciones:

Precaliente el horno a 350 ° F. Combine el pollo, la cebolla, el romero, la mejorana, el ajo, la sal marina y la pimienta en un procesador de alimentos. Batir hasta que la mezcla forme una pasta. También puedes mezclar estos ingredientes en un bol hasta que estén bien combinados (ver consejo de preparación).

Presione la mezcla en un molde para pan. Cocine hasta que alcance una temperatura interna de 165 grados. Retirar del horno y dejar reposar 20 minutos antes de cortar.

Corta el gyro y vierte encima la salsa tzatziki.

Nutrición (por 100 g): 289 calorías 1 g de grasa 20 g de carbohidratos 50 g de proteína 622 mg de sodio

Musaca

Tiempo de preparación: 10 minutos
hora de cocinar: 45 minutos
Porciones: 8
Nivel de dificultad: difícil

Ingredientes:

- 5 cucharadas de aceite de oliva virgen extra, dividido
- 1 berenjena, en rodajas (con piel)
- 1 cebolla picada
- 1 pimiento verde, sin semillas y picado
- Pavo molido de media libra
- 3 dientes de ajo, picados
- 2 cucharadas de pasta de tomate
- 1 lata de tomates triturados, escurridos
- 1 cucharada de condimento italiano
- 2 cucharaditas de salsa inglesa
- 1 cucharadita de orégano seco
- ½ cucharadita de canela en polvo
- 1 taza de yogur griego sin grasa y sin azúcar
- 1 huevo batido
- ¼ de cucharadita de pimienta negra recién molida
- ¼ cucharadita de nuez moscada molida
- ¼ de taza de parmesano rallado
- 2 cucharadas de hojas de perejil fresco picado

Instrucciones:

Precalienta el horno a 400 ° F. Cocine 3 cucharadas de aceite de oliva hasta que comience a brillar. Agrega las rodajas de berenjena y dóralas de 3 a 4 minutos por cada lado. Transferir a toallas de papel para escurrir.

Regrese la sartén al fuego y vierta las 2 cucharadas restantes de aceite de oliva. Agrega la cebolla y el pimiento verde. Continúe cocinando hasta que las verduras estén tiernas. Remueve de la sartén y pon a un lado.

Lleva la sartén a calentar y agrega el pavo. Cocine durante unos 5 minutos, rompiendo con una cuchara, hasta que estén dorados. Agrega el ajo y cocina por 30 segundos, revolviendo constantemente.

Agregue la pasta de tomate, los tomates, el condimento italiano, la salsa inglesa, el orégano y la canela. Regrese la cebolla y el pimiento a la sartén. Cocine por 5 minutos, revolviendo. Mezclar yogur, huevo, pimienta, nuez moscada y queso.

Coloque la mitad de la mezcla de carne en una fuente para hornear de 9x15 pulgadas. Cubra con la mitad de la berenjena. Agrega el resto de la mezcla de carne y el resto de las berenjenas. Unte la mezcla de yogur. Cocine hasta que esté dorado. Adorne con perejil y sirva.

Nutrición (por 100 g): 338 calorías 5 g de grasa 16 g de carbohidratos 28 g de proteína 569 mg de sodio

Lomo de cerdo con hierbas y dijon

Tiempo de preparación: 10 minutos
hora de cocinar: 30 minutos
Porciones: 6
Nivel de dificultad: medio

Ingredientes:

- ½ taza de hojas frescas de perejil italiano, picadas
- 3 cucharadas de hojas frescas de romero, picadas
- 3 cucharadas de hojas frescas de tomillo, picadas
- 3 cucharadas de mostaza dijon
- 1 cucharada de aceite de oliva virgen extra
- 4 dientes de ajo, picados
- ½ cucharadita de sal marina
- ¼ de cucharadita de pimienta negra recién molida
- 1 lomo de cerdo (1 ½ libra)

Instrucciones:

Precalienta el horno a 400°F. Agrega el perejil, el romero, el tomillo, la mostaza, el aceite de oliva, el ajo, la sal marina y la pimienta. Procese durante unos 30 segundos hasta que quede suave. Extienda la mezcla uniformemente sobre la carne de cerdo y colóquela en una bandeja para hornear con borde.

Ase hasta que la carne alcance una temperatura interna de 140 ° F. Retirar del horno y dejar reposar durante 10 minutos antes de cortar y servir.

Nutrición (por 100 g): 393 calorías 3 g de grasa 5 g de carbohidratos 74 g de proteína 697 mg de sodio

Filete al Vino Tinto - Salsa de Champiñones

tiempo de instalación: minutos más 8 horas para marinar
hora de cocinar: 20 minutos
Porciones: 4
Nivel de dificultad: difícil

Ingredientes:

- <u>Para la marinada y el bistec</u>
- 1 vaso de vino tinto seco
- 3 dientes de ajo, picados
- 2 cucharadas de aceite de oliva virgen extra
- 1 cucharada de salsa de soja baja en sodio
- 1 cucharada de tomillo seco
- 1 cucharadita de mostaza dijon
- 2 cucharadas de aceite de oliva virgen extra
- 1 a 1 ½ libras de filete de falda, filete plano o filete de tres puntas
- <u>Para la salsa de champiñones</u>
- 2 cucharadas de aceite de oliva virgen extra
- Medio kilo de champiñones cremini, divididos en cuartos
- ½ cucharadita de sal marina
- 1 cucharadita de tomillo seco

- 1/8 cucharadita de pimienta negra recién molida
- 2 dientes de ajo, picados
- 1 vaso de vino tinto seco

Instrucciones:

Para hacer la marinada y el bistec

En un tazón pequeño, combine el vino, el ajo, el aceite de oliva, la salsa de soja, el tomillo y la mostaza. Vierta en una bolsa con cierre y agregue el bistec. Refrigere el bistec para marinar durante 4 a 8 horas. Retire el bistec de la marinada y séquelo con toallas de papel.

Cocine el aceite en una sartén grande hasta que comience a brillar.

Coloque el bistec y cocine durante aproximadamente 4 minutos por cada lado hasta que se dore profundamente por cada lado y el bistec haya alcanzado una temperatura interna de 140 ° F. Retire el bistec de la sartén y colóquelo en un plato cubierto con papel de aluminio para mantenerlo caliente. . calentado, mientras se prepara la salsa de champiñones.

Cuando la salsa de champiñones esté lista, corte el bistec a contrapelo en rodajas de ½ pulgada de grosor.

Para hacer la salsa de champiñones

Cocine el aceite en la misma sartén a fuego medio-alto. Agrega los champiñones, la sal marina, el tomillo y la pimienta. Cocine durante unos 6 minutos, revolviendo muy raramente, hasta que los champiñones estén dorados.

Dorar el ajo. Agregue el vino y use el lado de una cuchara de madera para quitar los trozos dorados del fondo de la sartén. Cocine hasta que el líquido se reduzca a la mitad. Sirve los champiñones con una cuchara sobre el filete.

Nutrición (por 100 g): 405 calorías 5 g de grasa 7 g de carbohidratos 33 g de proteína 842 mg de sodio

Albóndigas Griegas

Tiempo de preparación: 20 minutos

hora de cocinar: 25 minutos

Porciones: 4

Nivel de dificultad: medio

Ingredientes:

- 2 rebanadas de pan integral
- 1¼ libras de pavo molido
- 1 huevo
- ¼ taza de pan rallado integral sazonado
- 3 dientes de ajo, picados
- ¼ de cebolla morada rallada
- ¼ de taza de hojas de perejil italiano fresco picado
- 2 cucharadas de hojas de menta fresca picadas
- 2 cucharadas de hojas de orégano fresco picadas
- ½ cucharadita de sal marina
- ¼ de cucharadita de pimienta negra recién molida

Instrucciones:

Precaliente el horno a 350 ° F. Coloque papel pergamino o papel de aluminio en una bandeja para hornear. Pasar el pan por agua para humedecerlo y exprimir el exceso. Ralla el pan húmedo en trozos pequeños y colócalo en un bol mediano.

Agrega el pavo, el huevo, el pan rallado, el ajo, la cebolla morada, el perejil, la menta, el orégano, la sal marina y la pimienta. Mezclar bien. Forme bolas del tamaño de un cuarto de taza con la mezcla. Coloque las albóndigas en la bandeja para hornear preparada y hornee durante unos 25 minutos o hasta que la temperatura interna alcance los 165°F.

Nutrición (por 100 g): 350 calorías 6 g de grasa 10 g de carbohidratos 42 g de proteína 842 mg de sodio

cordero con frijoles

Tiempo de preparación: 10 minutos
Tiempo de cocción: 1 hora
Porciones: 6
Nivel de dificultad: difícil

Ingredientes:

- ¼ de taza de aceite de oliva virgen extra, cantidad dividida
- 6 chuletas de cordero, sin grasa extra
- 1 cucharadita de sal marina, dividida
- ½ cucharadita de pimienta negra recién molida
- 2 cucharadas de pasta de tomate
- 1 ½ tazas de agua caliente
- 1 libra de judías verdes, peladas y cortadas por la mitad
- 1 cebolla picada
- 2 tomates picados

Instrucciones:

Cocine 2 cucharadas de aceite de oliva en una sartén grande hasta que comience a brillar. Sazone las chuletas de cordero con ½ cucharadita de sal marina y 1/8 de cucharadita de pimienta. Cocine el cordero en aceite caliente durante unos 4 minutos por cada lado hasta que se dore por ambos lados. Coloca la carne en un plato y reserva.

Regrese la sartén al fuego y agregue las 2 cucharadas restantes de aceite de oliva. Calentar hasta que empiece a brillar.

En un bol, derrita la pasta de tomate en agua caliente. Agregue a la sartén caliente con las judías verdes, la cebolla, los tomates y la ½ cucharadita de sal marina y ¼ de cucharadita de pimienta restantes. Deje hervir, usando el costado de una cuchara para raspar los trozos dorados del fondo de la sartén.

Devuelve las chuletas de cordero a la sartén. Llevar a ebullición y ajustar el fuego a medio-bajo. Cocine durante 45 minutos hasta que los frijoles estén tiernos, agregando más agua según sea necesario para ajustar el espesor de la salsa.

Nutrición (por 100 g): 439 calorías 4 g de grasa 10 g de carbohidratos 50 g de proteína 745 mg de sodio

Pollo con salsa de tomate balsámico

Tiempo de preparación: 10 minutos

hora de cocinar: 20 minutos

Porciones: 4

Nivel de dificultad: medio

Ingredientes

- 2 (8 onzas o 226,7 g cada una) pechugas de pollo deshuesadas y sin piel
- ½ cucharadita de sal
- ½ cucharadita de pimienta molida
- 3 cucharadas aceite de oliva virgen extra
- ½ cucharadita tomates cherry cortados por la mitad
- 2 cucharadas. chalota en rodajas
- ¼ cucharadita vinagre balsámico
- 1 cucharada. Ajo picado
- 1 cucharada. semillas de hinojo tostadas, trituradas
- 1 cucharada. manteca

Instrucciones:

Corta las pechugas de pollo en 4 trozos y golpéalas con un mazo hasta que tengan ¼ de pulgada de grosor. Use ¼ de cucharadita de pimienta y sal para cubrir el pollo. Calienta dos cucharadas de aceite en una sartén a fuego medio. Cocine las pechugas de pollo por ambos lados durante tres minutos. Colóquelo en un plato para servir y cúbralo con papel de aluminio para mantenerlo caliente.

Agrega una cucharada de aceite, cebolla y tomate a una sartén y cocina hasta que se ablanden. Agrega el vinagre y hierve la mezcla hasta que el vinagre se reduzca a la mitad. Agrega las semillas de hinojo, el ajo, la sal y la pimienta y cocina durante unos cuatro minutos. Retire del fuego y agregue la mantequilla. Vierte esta salsa sobre el pollo y sirve.

Nutrición (por 100 g): 294 calorías 17 g de grasa 10 g de carbohidratos 2 g de proteína 639 mg de sodio

Arroz integral, queso feta, guisantes frescos y ensalada de menta

Tiempo de preparación: 10 minutos
hora de cocinar: 25 minutos
Porciones: 4
Nivel de dificultad: fácil

Ingredientes:

- 2 habitaciones. arroz integral
- 3 habitaciones. agua
- sal
- 5 onzas o 141,7 g de queso feta desmenuzado
- 2 habitaciones. guisantes hervidos
- ½ cucharadita menta picada, fresca
- 2 cucharadas. aceite
- Sal y pimienta

Instrucciones:

Coloca el arroz integral, el agua y la sal en una cacerola y calienta a fuego medio, tapa y deja hervir. Reduzca el fuego a bajo y cocine hasta que el agua se disuelva y el arroz esté suave pero masticable. dejar enfriar completamente

Agregue el queso feta, los guisantes, la menta, el aceite de oliva, la sal y la pimienta a una ensaladera con el arroz enfriado y revuelva para combinar. ¡Servir y disfrutar!

Nutrición (por 100 g): 613 Calorías 18,2 g Grasa 45 g Carbohidratos 12 g Proteína 755 mg Sodio

Pan integral relleno de aceitunas y garbanzos

Tiempo de preparación: 10 minutos
hora de cocinar: 20 minutos
Porciones: 2
Nivel de dificultad: medio

Ingredientes:

- 2 bolsillos de pita completos
- 2 cucharadas. aceite
- 2 dientes de ajo, picados
- 1 cebolla picada
- ½ cucharadita de comino
- 10 aceitunas negras picadas
- 2 habitaciones. garbanzos hervidos
- Sal y pimienta

Instrucciones:

Corta los bolsillos de pita y reserva. Pon el fuego a medio y coloca una cacerola en su lugar. Agrega el aceite y calienta. Combine el ajo, la cebolla y el comino en la sartén caliente y revuelva mientras la cebolla se ablanda y el comino se vuelve aromático. Agrega las aceitunas, los garbanzos, la sal y la pimienta y mezcla hasta que los garbanzos estén dorados.

Retire la sartén del fuego y use su cuchara de madera para triturar los garbanzos de modo que algunos queden intactos y otros triturados. Vuelva a calentar el pan de pita en el microondas, el horno o en una sartén limpia en la estufa.

¡Rellénalas con tu mezcla de garbanzos y a disfrutar!

Nutrición (por 100 g): 503 calorías 19 g de grasa 14 g de carbohidratos 15,7 g de proteína 798 mg de sodio

Zanahorias Asadas con Nueces y Frijoles Cannellini

Tiempo de preparación: 10 minutos
hora de cocinar: 45 minutos
Porciones: 4
Nivel de dificultad: medio

Ingredientes:

- 4 zanahorias peladas, picadas
- 1 c/u. nueces
- 1 cucharada. querido
- 2 cucharadas. aceite
- 2 habitaciones. frijoles cannellini enlatados, escurridos
- 1 ramita de tomillo fresco
- Sal y pimienta

Instrucciones:

Configure el horno a 400 F/204 C y forre una bandeja para hornear o para galletas con papel pergamino. Coloque las zanahorias y las nueces en la bandeja para hornear o en la bandeja para hornear. Espolvorea aceite de oliva y miel sobre las zanahorias y las nueces y frota todo para asegurarte de que cada pieza quede cubierta. Extiende los frijoles en la bandeja y colócalos dentro de las zanahorias y las nueces.

Agrega el tomillo y espolvorea todo con sal y pimienta. Coloca la bandeja en el horno y hornea por 40 minutos aproximadamente.

Servir y disfrutar

Nutrición (por 100 g): 385 calorías 27 g de grasa 6 g de carbohidratos 18 g de proteína 859 mg de sodio

Pollo sazonado con mantequilla

Tiempo de preparación: 10 minutos
hora de cocinar: 25 minutos
Porciones: 4
Nivel de dificultad: medio

Ingredientes:

- ½ cucharadita Crema batida espesa
- 1 cucharada. sal
- ½ cucharadita caldo de hueso
- 1 cucharada. Pimienta
- 4 cucharadas Manteca
- 4 mitades de pechuga de pollo

Instrucciones:

Coloca la bandeja para hornear en el horno a fuego medio y agrega una cucharada de mantequilla. Cuando la mantequilla esté caliente y derretida, agrega el pollo y cocina durante cinco minutos por cada lado. Al final de este tiempo, el pollo debe estar bien cocido y dorado; si es así, adelante y ponlo en un plato.

A continuación, agregarás el caldo de huesos a la olla. Agrega la crème fraîche, sal y pimienta. Luego deja la sartén reposar hasta que la salsa comience a hervir. Deja que este proceso ocurra durante cinco minutos para que la salsa espese.

Finalmente, agregarás nuevamente el resto de la mantequilla y el pollo a la sartén. Asegúrate de usar una cuchara para verter la salsa sobre el pollo y sofocarlo por completo. Atender

Nutrición (por 100 g): 350 calorías 25 g de grasa 10 g de carbohidratos 25 g de proteína 869 mg de sodio

Pollo Con Doble Queso Y Tocino

Tiempo de preparación: 10 minutos

hora de cocinar: 30 minutos

Porciones: 4

Nivel de dificultad: fácil

Ingredientes:

- 4 onzas o 113 g. Queso fresco
- 1 c/u. Queso cheddar
- 8 rebanadas de tocino
- Sal de mar
- Pimienta
- 2 dientes de ajo, picados
- Pechuga de pollo
- 1 cucharada. Grasa de tocino o mantequilla

Instrucciones:

Pon el horno a 400 F / 204 C Corta las pechugas de pollo por la mitad para adelgazarlas.

Sazone con sal, pimienta y ajo. Engrasa una fuente para horno con mantequilla y coloca en ella las pechugas de pollo. Agregue queso crema y queso cheddar a las pechugas.

Agrega también las lonchas de tocino Coloca la bandeja en el horno por 30 minutos Sirve caliente

Nutrición (por 100 g): 610 calorías 32 g de grasa 3 g de carbohidratos 38 g de proteína 759 mg de sodio

Camarones Al Limón Y Pimienta

Tiempo de preparación: 10 minutos

hora de cocinar: 10 minutos

Porciones: 4

Nivel de dificultad: fácil

Ingredientes:

- 40 camarones pelados y desarrollados
- 6 dientes de ajo, picados
- sal y pimienta negra
- 3 cucharadas aceite
- ¼ cucharadita de pimentón
- Una pizca de hojuelas de pimiento rojo triturado
- ¼ cucharadita de ralladura de limón
- 3 cucharadas Jerez u otro vino
- 1½ cucharadita. cebolletas en rodajas
- jugo de 1 limon

Instrucciones:

Pon el fuego a medio-alto y coloca una cacerola en su lugar.

Agrega el aceite de oliva y los camarones, espolvorea con pimienta y sal y cocina por 1 minuto. Agrega el pimentón, el ajo y las hojuelas de chile, revuelve y cocina por 1 minuto. Agregue suavemente el jerez y cocine por un minuto más.

Retire los camarones del fuego, agregue las chalotas y la ralladura de limón, revuelva y transfiera los camarones a platos. Agrega el jugo de limón y sirve.

Nutrición (por 100 g): 140 calorías 1 g de grasa 5 g de carbohidratos 18 g de proteína 694 mg de sodio

Fletán empanizado y sazonado

Tiempo de preparación: 5 minutos
hora de cocinar: 25 minutos
Porciones: 4
Nivel de dificultad: fácil

Ingredientes:

- ¼ cucharadita cebollino fresco picado
- ¼ cucharadita eneldo fresco picado
- ¼ cucharadita de pimienta negra molida
- ¾ cucharadita. migas de pan Panko
- 1 cucharada. aceite de oliva virgen extra
- 1 taza ralladura de limón finamente rallada
- 1 taza sal de mar
- 1/3 cucharadita. perejil fresco picado
- 4 (6 oz o 170 g cada uno) filetes de fletán

Instrucciones:

En un tazón mediano, mezcle el aceite de oliva y el resto de los ingredientes excepto los filetes de fletán y el pan rallado.

Coloque los filetes de fletán en la mezcla y deje marinar durante 30 minutos. Precaliente el horno a 400 F / 204 C. Coloque una bandeja en una bandeja para hornear, rocíe con aceite en aerosol. Sumerja los filetes en pan rallado y colóquelos sobre la hoja de masa. Hornee por 20 minutos y sirva caliente.

Nutrición (por 100 g): 667 calorías 24,5 g de grasa 2 g de carbohidratos 54,8 g de proteína 756 mg de sodio

Salmón al curry con mostaza

Tiempo de preparación: 10 minutos

hora de cocinar: 20 minutos

Porciones: 4

Nivel de dificultad: fácil

Ingredientes:

- ¼ cucharadita de pimiento rojo molido o chile en polvo
- ¼ cucharadita de cúrcuma molida
- ¼ cucharadita de sal
- 1 taza querido
- ¼ cucharadita de ajo en polvo
- 2 cucharadas. mostaza a la antigua
- 4 (6 onzas o 170 g cada uno) filetes de salmón

Instrucciones:

En un bol mezclar la mostaza y el resto de los ingredientes excepto el salmón. Precalienta el horno a 350 F / 176 C. Cubre una bandeja para hornear con aceite en aerosol. Coloque el salmón en la bandeja para hornear con la piel hacia abajo y extienda la mezcla de mostaza uniformemente sobre la parte superior de los filetes. Coloque en el horno y hornee de 10 a 15 minutos o hasta que se formen hojuelas.

Nutrición (por 100 g): 324 Calorías 18,9 g Grasa 1,3 g Carbohidratos 34 g Proteína 593 mg Sodio

Salmón en costra de nueces y romero

Tiempo de preparación: 10 minutos

hora de cocinar: 25 minutos

Porciones: 4

Nivel de dificultad: medio

Ingredientes:

- 1 libra o 450 g. filete de salmón congelado sin piel
- 2 cucharadas. Mostaza de Dijon
- 1 diente de ajo, picado
- ¼ cucharadita de ralladura de limón
- ½ cucharadita de miel
- ½ cucharadita de sal kosher
- 1 taza romero recién picado
- 3 cucharadas migas de pan Panko
- ¼ cucharadita de pimiento rojo triturado
- 3 cucharadas nueces picadas
- 2 cucharaditas de aceite de oliva virgen extra

Instrucciones:

Configure el horno a 420 F / 215 C y use papel pergamino para forrar una bandeja para hornear con borde. En un bol, combine la mostaza, la ralladura de limón, el ajo, el jugo de limón, la miel, el romero, el pimiento rojo triturado y la sal. En otro tazón, combine las nueces, el panko y 1 cucharada. cucharadita de aceite. Coloca el papel pergamino en la bandeja para hornear y coloca el salmón encima.

Unte la mezcla de mostaza sobre el pescado y cubra con la mezcla de panko. Rocíe ligeramente el aceite de oliva restante sobre el salmón. Hornee durante unos 10 a 12 minutos o hasta que el salmón se desmenuce con un tenedor. Servir caliente

Nutrición (por 100 g): 222 Calorías 12 g Grasa 4 g Carbohidratos 0,8 g Proteína 812 mg Sodio

Espaguetis Rápidos Con Tomates

Tiempo de preparación: 10 minutos
hora de cocinar: 25 minutos
Porciones: 4
Nivel de dificultad: medio

Ingredientes:

- 8 onzas o 226,7 g de espaguetis
- 3 cucharadas aceite
- 4 dientes de ajo, rebanados
- 1 jalapeño, rebanado
- 2 habitaciones. tomate cherry
- Sal y pimienta
- 1 taza vinagre balsámico
- ½ cucharadita Parmesano rallado

Instrucciones:

Hierva una olla grande con agua a fuego medio. Agrega una pizca de sal y lleva a ebullición, luego agrega los espaguetis. Dejar cocer durante 8 minutos. Mientras se cocina la pasta, calienta el aceite en una sartén y agrega el ajo y el jalapeño. Cocine por 1 minuto más y luego agregue los tomates, la pimienta y la sal.

Cocine de 5 a 7 minutos hasta que reviente la piel del tomate.

Agrega el vinagre y retira del fuego. Escurrir bien los espaguetis y mezclar con la salsa de tomate. Espolvorea con queso y sirve inmediatamente.

Nutrición (por 100 g): 298 Calorías 13,5 g Grasa 10,5 g Carbohidratos 8 g Proteína 749 mg Sodio

Queso al horno con orégano y pimienta

Tiempo de preparación: 10 minutos

hora de cocinar: 25 minutos

Porciones: 4

Nivel de dificultad: fácil

Ingredientes:

- 8 onzas o 226,7 g de queso feta
- 4 onzas o 113 g de mozzarella, desmenuzada
- 1 chile picado
- 1 taza orégano seco
- 2 cucharadas. aceite

Instrucciones:

Coloque el queso feta en una fuente para hornear pequeña y profunda. Cubrir con mozzarella y sazonar con rodajas de pimiento y orégano. cubre tu olla con una tapa. Hornee en horno precalentado a 350 F / 176 C durante 20 minutos. Sirve el queso y disfruta.

Nutrición (por 100 g): 292 Calorías 24,2 g Grasa 5,7 g Carbohidratos 2 g Proteína 733 mg Sodio

311. Pollo italiano crujiente

Tiempo de preparación: 10 minutos

hora de cocinar: 30 minutos

Porciones: 4

Nivel de dificultad: fácil

Ingredientes:

- 4 muslos de pollo
- 1 taza albahaca seca
- 1 taza orégano seco
- Sal y pimienta
- 3 cucharadas aceite
- 1 cucharada. vinagre balsámico

Instrucciones:

Sazone bien el pollo con albahaca y orégano. En una sartén añadir el aceite y calentar. Agrega el pollo al aceite caliente. Deje que cada lado se cocine durante 5 minutos hasta que estén dorados, luego cubra la sartén con una tapa.

Ajuste el fuego a medio y cocine por 10 minutos por un lado, luego voltee el pollo unas cuantas veces y cocine por otros 10 minutos hasta que esté crujiente. Sirve el pollo y disfruta.

Nutrición (por 100 g): 262 Calorías 13,9 g Grasa 11 g Carbohidratos 32,6 g Proteína 693 mg Sodio

www.ingramcontent.com/pod-product-compliance
Lightning Source LLC
Chambersburg PA
CBHW070359120526
44590CB00014B/1182